Auf deiner Reise zum Rande im Rande des Randes der Sonne

Lyrik.

Harald Birgfeld

3. Auflage

"Auf deiner Reise zum Rande im Rande des Randes der Sonne"....
... geschieht Merkwürdiges: Im Innern der Sprache werden Kräfte freigesetzt. Sinn der Operation: eine neue Sprache, die zur adäquaten Darstellung unserer heutigen, von Wissenschaft und Technologie geprägten Welt geeignet ist.
189 Gedichte, darunter 20 Raum-, Zeitgedichte.
3. Auflage.

Copyright 2015 beim Autor, Harald Birgfeld. Alle Rechte vorbehalten.
Harald Birgfeld, geb. in Rostock, lebt seit 2001 in 79423 Heitersheim. Von Hause aus Dipl.-Ingenieur, befasst er sich seit 1980 mit Lyrik. In mindestens 23 Anthologien ist er vertreten. Alle derzeitigen Veröffentlichungen im Anhang.
Harald Birgfeld schrieb seine Gedichte überwiegend während der Fahrten in der Hamburger S-Bahn zur und von der Arbeit, inzwischen mehr als 12.000 Strophen.

Aus dem Gutachten, 1986, einer an der Universität Freiburg tätigen Literaturwissenschaftlerin:
"Es lohnt sich, einmal einen heutigen Dichter kennen zu lernen, der mit der deutschen Sprache einen faszinierend fremden Weg betritt und trotzdem dem Leser Freiraum lässt für eigene Gedankengänge, ohne dass die Probleme in erhobener Zeigefingermanier zu zeitkritischen Trampelpfaden werden."

Buchumschlag: Harald Birgfeld

Herausgeber, Autor, Redakteur: Harald Birgfeld.
e-mail: Harald.Birgfeld@t-online.de
Im Internet unter : www.Harald-Birgfeld.de

Herstellung und Verlag:
Books on Demand GmbH, Norderstedt
ISBN 9783734779770

Inhaltsverzeichnis nach Stationen .... **Seite**

Ach, Liebste 9

Abschied	11
Ach, Liebste	9
Am Abendsee	10
Das Lied von einer schönen Frau	18
Der Magnolienbaum	24
Die Hagerkeit der Wangen	22
Eine Frau in Sicherheit	15
Eine Frau liebt	14
Enttäuschung	20
Feuerstoß	13
Flötenspiel und Saiten	21
Fremde Gitter	25
Gedicht in den Farben Raoul Dufy's: Im Blumengarten	10
Ich schließ' die Augen zu	12
Im Zwielicht	24
Jagen nach dem Jäger	23
Lust	26
Nacht am See	10
Nein	18
Ruf über die Hügel	14
Spiegelscherben	16
Verliebt	11
Was uns trennt	19

Auf deiner Suche 27

Auf deiner Suche	27
Dein Gast der Gäste	30
Dein Plakat	35
Der Durst der Flammen	31
Die Asche deiner Feuerlaube	36
Ein blanker Fisch	29
Fremdes Gehen	33
Im Gästezimmer	37
Im Gedränge	32
Im Hahnenkampf	32

Kreidekreise 34
Schutz im Schutze 28

Tür aus Glas *38*

Damals 38
Das Weiß des Tellers 44
Dein leichtes Atmen 39
Du ahntest wirklich nicht, warum 49
Ein Abgrund 47
Ein andermal 44
Eine gute, vorbildhafte Frau 42
Ertrunken schon im Sand 51
Geburtstag 40
In der Not 52
Ins schwarze Rund 41
Tür aus Glas 46
Warte, greife nicht nach mir 50
Was mach ich nun 48

Ganz im Regenbogen *53*

Fluchtverbot'ne Sandbank 55
Ganz im Regenbogen 53
Vergessen im Vergessen 54
Welle Sehnsucht 56
Worte 56
Zeitung 54

Das umcodierte Gen *57*

Das umcodierte Gen 57
Der kleine Splitter 64
Dunkelheit 67
Eine Morgensonne 67
Eine Wirklichkeit 65
Gedanken 71
Im Leistungsfach 68
Judaswort: Masse 58

Keine Abnormität 61
Landungen 59
Leises Rufen 59
Mit bunten Kleidern 69
Mord im Mord des Mordes 61
Tag 59
Traum im Traum 63
Vielleicht 62
Voller Worte 70

Die Freiheit der Maschine 71

Böse Gedanken 72
Der Prozess 74
Die Freiheit der Maschine 71
In Gefangenschaft 76
Ohne Hoffnung 75
Ohnmacht 73
Verschollen 73
Wilder Wein 76

Zeit zu leben 77

Das Paradies auf Erden I 78
Das Paradies auf Erden II 79
Glück im Glück 83
Im Augenblick des Augenblicks 85
Immer neue Muster 84
Mitten im Treiben 81
Mitten im Treiben, Grafik 82
Puppen in der Poesie 86
Zeit zu leben 77
Zwanzig Jahre Kampf 80

Die Zeit der Fütterung *87*

Abschied vom Dorf Ebbs 109
Auf der Brücke 103
Auf Reisen 91
Blätter am Baum 108
Das Meer 106
Das Urteil 103
Der Glasbläser 105
Der neue Tag 94
Die Zeit der Fütterung 88
Ein Gruß 110
Ein kleines Kind 101
Ein Traum 92
Es tut sich nichts 94
Hab keine Zeit 87
Herbstanfang 107
Macht und Größe 97
Madrid 98
Metall 96
Moderne Mädchen 99
Nachtfahrt 98
Nachtzug 110
Sieh mich an 100
Spiegelung 90
Tanz 89

Ausgeraubt *111*

Ahnungslos 121
Atemlos 124
Ausgeraubt 111
Damdadadam 138
Das Rapsfeld 117
Das Versteckte im Geheimnis 131
Dein Nest in meinem Herzen 119
Der Dieb des Pfeils 128
Der goldene Schuss 111
Der Vorhang 139
Die dünne Decke Gräser 133

Die Hungernden 114
Die rote Flut 124
Durchlass 143
Endlich 126
Enges Wurzelwerk 136
Fährschiff 122
Goldenes Visier 120
Höchste Sorgfalt 141
Ihre Brüchigkeit 134
Knietief 141
Lange vor der Flut 142
Nackte Nerven 140
Nur im Verzehr 132
Nur unfreiwillig 135
Pausenlose Angst 115
Spiralnebel 129
Tapferkeiten 127
Treppen 118
Unerklärlich Frieren 138
Unter hellem Fischleib 137
Wohin 127
Zwei Bilder 116

Das Weiß in deinen Augen *145*

Das Weiß in deinen Augen 145
Die eigenen Worte 152
Die Lüge 151
Dürre 146
Im viel zu engen Kleid 151
Nach frischem Töten 144
Nacktheit 145
Trauer um ein Kind 149
Tumor 147
Verderbnis 174
Vom Krebs in dir 149

Karfreitag 153

Besitz 156
Der Regenbogen 156
Ein Schrei 153
Ertrage dich 157
Gebet 155
Hoffnung 156
Karfreitag 153
Singsang 157
Weihnacht 154
Weihnachtszeit 154

Raum-, Zeitgedicht Nr. 158

Raum-, Zeitgedicht Nr. 1:   Es ist eine Zeit 158
Raum-, Zeitgedicht Nr. 2:   Zeitreisende 158
Raum-, Zeitgedicht Nr. 3:   Zeitenwechsel 160
Raum-, Zeitgedicht Nr. 4:   Die Zeit in einer andren Zeit ...161
Raum-, Zeitgedicht Nr. 5:   Fremde Wesen 163
Raum-, Zeitgedicht Nr. 6:   In amtlichen Büchern 165
Raum-, Zeitgedicht Nr. 7:   Zeitlose Zeit 166
Raum-, Zeitgedicht Nr. 8:   Gleichzeitige Zeiten 166
Raum-, Zeitgedicht Nr. 9:   Ein Zeitprotokoll 158
Raum-, Zeitgedicht Nr. 10: Das Kleinste im Kleinen 170
Raum-, Zeitgedicht Nr. 11: Eine andere Zeit 171
Raum-, Zeitgedicht Nr. 12: Die einzige Gelegenheit 172
Raum-, Zeitgedicht Nr. 13: Die Rückkehr 173
Raum-, Zeitgedicht Nr. 14: Unerreichbar 175
Raum-, Zeitgedicht Nr. 15: Kein Eintrag 176
Raum-, Zeitgedicht Nr. 16: Von Zeit zu Zeit 177
Raum-, Zeitgedicht Nr. 17: Reservoir 178
Raum-, Zeitgedicht Nr. 18: Selbst ein Sonnenstrahl 180
Raum-, Zeitgedicht Nr. 19: Die Zeit der Zeit 181
Raum-, Zeitgedicht Nr. 20: Dir und dir 182

Auf deiner Reise zum Rande im Rande des Randes
  der Sonne 183

Ach, Liebste

Ach, Liebste

Ach, Liebste, meine Liebste,
Woher hast du dein weiches Haar?
    Ach, Liebster du, mein Liebster,
    Das ist von meinem Elternpaar.
Ach, Liebste, meine Liebste,
Wo sind die schönen Augen her?
    Ach, Liebster du, mein Liebster,
    Die Mutter liebt mich gar zu sehr.
Ach, Liebste, meine Liebste,
Woher die roten Wangen sind?
    Ach, Liebster du, mein Liebster,
    Mein Vater küsst mich oft als Kind.
Ach, Liebste, meine Liebste,
Warum springt mir das Herz so sehr?
    Ach, Liebster du, mein Liebster,
    In meiner Brust klopft es noch mehr.

    Ach, Liebster du, mein Liebster,
    Wie könnt' ich ohne dich je sein?
Ach, Liebste, meine Liebste,
Du bist noch lange Zeit allein.
    Ach, Liebster du, mein Liebster,
    Du wirst mich niemals mehr verlassen.
Ach, Liebste, meine Liebste,
Wie könnt' ich deine Liebe lassen.
    Ach, Liebster du, mein Liebster,
    Versprich, dass du mich ewig liebst.
Ach, Liebste, meine Liebste,
Ich schwör dir alles, was du willst.
    Ach, Liebster du, mein Liebster,
    Leg still den Kopf in meinen Arm.
Ach, Liebste, meine Liebste,
Dein Herz schlägt jetzt ganz ruhig an.

Am Abendsee

Langsam sinkt der Sonnenstrahl,
Sendet dunklen Schattenpfahl
Vom Uferrand ans Land.

Sanfter goldner Wellenschlag
Fließt vom Horizont herab
Und wiegt das Rohr
Im Chor.

Schwarzes Segel trägt ein Kahn,
Gleicht in süßem Liebeswahn
Der stillen Wacht der Nacht.

Gedicht in den Farben Raoul Dufys: Im Blumengarten

Ach, du Liebe.
Alles hier trägt deinen Namen.
Blauer Flügelschlag der Lilien, deine Lider
Gehen auf und nieder.
Blütenhauch der Rose,
Gläsernes Geplätscher der Libelle
Fließt herab von ihrem Purpurkelch
In Liebesworten
Wie aus deinem Mund.
Sperling in den Zweigen
Zwitschert wie der helle Tropfen
Deines Lachens.

Nacht am See

Grüne Fährte Wind,
Streichelst sanft das Wellenheben,
Bringst das Klirren junger Weiden
Mir zum Lob.
Singst ein Schlummerlied

Im Halm des Rohres über unsren Leibern.

Eine Nacht hast du geklungen,
Deine liebevolle Kühle uns gezwungen,
Eng zu schmiegen und zu liegen
Tief im Raum
Für eine Nacht.

Verliebt

Verliebt in ihren Schoß, der jung vermählt
Sich bot und doch nach Wiederholung
Angstvoll spähte,
Spülte Kuss auf Kuss in ihre hohle Hand
Und ihre Schenkel seine Lust hinweg.

Ihr feiner, kleiner Leib,
Vom reinsten Garn gewoben,
Nahtlos kupferfarben überzogen,
Rollte über weiße Laken,
Einer Perlenkette gleich,
Und Schnur und
Haken brachte er herbei.

Abschied

Die Träne, die du beim Abschied nicht weintest,
Dein Schmerz, den mir lange Seufzer verrieten,
Und dein Lachen erstarben so schrill …
Ach, du, halte still.

Deine Blicke, die Bleiben anboten …
Wie du Trotz und Wut in einer Bewegung vereintest,
Unter deinen Händen in fahrigen Strichen
Die Haare von den Schultern wichen …

Auch schlich die Sekunde der Wehmut vorbei,
Da wurde dein Atem schon ruhig und frei.
Es trieb dich beizeiten,
Den Abschied nun selbst zu bereiten.
Nein, nein, dreimal nein,
Halte nicht ein.

Ich schließ' die Augen zu

Blickst du in meine Äugelein,
Soll dir das eine Warnung sein.
In tiefstem Kämmerlein
Findst du dich ganz allein.
      Ich schließ' die Augen zu,
      Und du bist mein im Nu.

So warm ist mir dein schöner Mund,
Ganz heimlich ziehn Gedanken rund.
Ein Kuss tut allen kund
Die Lieb in dieser Stund.
      Ich schließ die Augen zu,
      Und du bist mein im Nu.

Wie nah ist mir dein weicher Schopf,
Wie drück ich herzlich deinen Kopf.
Vor Freud das Herz mir pocht
Im Leibe, springt und klopft.
      Ich schließ die Augen zu,
      Und du bist mein im Nu.

Und lässt du einst mein Herzelein,
Soll mir das eine Warnung sein.
Verschlungen ist das Wegelein,
Lässt keinen aus und keinen ein.
      Ich schließ' die Augen zu,
      Und du bleibst mein im Nu.

Feuerstoß

Ein weiches, warmes Wasser,
Das sich über unsre
Nacht ergoss,
Das Wachstum regte,
War dein unbedachtes Spielen
An dem Feuerstoß.

In offner Hand hieltst
Du die helle Flamme
Über unsren Köpfen
In die Tropfen,
Dann schlugst du,
Verkehrt herum, das kühle Nass
Uns kochend, schnell,
Als Mantel um.

Es wurd uns Bad zum sengend heißen
Feuersturm,
Und nur, wo deine Nähe
Meinen Körper traf,
Blieb ich verschont.

Doch lichterloh brannt
Lange schon
Dein Feuerdorn
In meinem Schoß.

Die Nahrung dieser Flamme,
Jener Feuerstoß, jedoch,
Zog triumphierend
Wieder hinter
Festes Schloss.

Ruf über die Hügel

In ruhelosen Schlaf trat,
Gleich einem Bild
Verzaubernder Gesänge,
Ein Lächeln wieder ein,
Ein Blick aus halber Höhe,
Als raste er im Flug,
Kehre aus der Ferne,
Traum und Wunsch.
Doch gibt es Lichter,
Die der Weite und der Näh zugleich
Des Taues Frische senden:

Sehnte einst ein Liebender,
Statt im Weibe,
In der Nacht
Sich zu ertränken.

Eine Frau liebt

Ihr Kopf liegt mir im Arm,
Und das Gesicht,
Ein wenig von mir abgewandt,
Horcht still nach innen.
Warm ist ihre Haut,
Und sie lässt zu,
Dass sich mein Mund an ihrem Hals
Und später auf der Brust verliert.
So treibt sie unter mir,
Ein losgebundnes Boot,
Das auf und nieder wogt.
Die leichten krausen Wellen
Ihres weichen Körpers
Glätten meine Hand
Und tastet auch zugleich
Nach ihrem Schoß,
Das Zucken einzudämmen.

Durch die geschlossnen Lider
Sieht sie gut
Den tiefen Zug,
Den ich aus ihrem Körper tu.
Randvoll gefüllt
Ist heut der Becher,
Sie will auch,
Nun schnell erwacht,
Sich ganz darein versenken,
Sie will baden,
So wie ich, in diesem Nass
Und drängt und atmet flach
Und hält mich an sich fest.

Ihren Mund, die Lippen,
Schmückt ein leichtes, kaltes Rot, das ich,
Als ich dann zu mir komm, entdeck!
Ihr Haar hatt ich mir und den Kopf
Gewaltsam hingezogen,
Hingebogen ihren Leib,
Gewölbt ihn, mir entgegen,
Rücksichtslos sie dann geliebt.
Doch blieb sie willig,
Löste sich von mir danach sogleich.

Was sie noch eben sprengte
War ihr nun ganz einerlei.
Mir schien sie völlig eins und frei,
Und ihre flinken Augen
Stahlen ihrer Umwelt schon
Die nächste Sensation.

Eine Frau in Sicherheit

Mich lockt das kleine Stückchen Haut,
Das unter ihrem Träger, der verrutscht,
Von ihrer nackten, runden Schulter,
Zu mir 'rüber schaut.

Bräunlich, weiß ich, läuft wie Samt
So trocken, die Bewegung in den Rücken über,
Und jeder Tropfen würde selbst als Perle
Darauf rollen, Kieselstein auf schrägem Sand.

Und dann verlockt mich noch ihr Blick.
Ihr Haar, gesteckt, gekämmt, mit viel Geschick,
Stell' ich mir vor, es fiele lang herunter;
Die Stirn an ihrem Ohr, läg ich darunter.

So fühlt sie sich, das spürt sie selbst,
Das strahlt sie aus
Als Frau und weiß es wohl auch ganz genau
Und schiebt bewusst den Träger ihres Kleides wieder hoch.

Ein Blick von ihr darauf,
Ein Blick voll Sicherheit zu mir:
"Schuld ich dir eine Antwort"?
Ich schrecke auf,
Dann lächelt sie sofort
Und wendet sich im Nu
Dem Kind in ihrer Nähe zu.

Spiegelscherben

Wie oft zerbrachst du den Spiegel,
Der dein Antlitz wiedergab.
Wie oft nahm ich die Scherben,
Ließ nicht den kleinsten Splitter liegen
Und leimte alles neu, am selben Tag.

Wie oft bat ich dich,

Mir die Risse zu verzeihn,
Die sichtbar blieben,
Wenn dein Angesicht ihm näher kam.
Wie mit Narben, sagst du,
Sähst du darin aus,
Wie im Käfigfenster,
Das dir keine Freiheit ließ.

Ein neues goldgerahmtes,
Hochpoliertes Spiegelwerk,
Das ich dir schnell verhieß,
Konnt dich im Augenblick betör'n.

Doch schon beim nächsten Spiegel
Sollt dich störn,
Dass er nicht endlos war.
Und wieder warfst du ihn mir hin.

Da nahm ich wahr,
Wie schön dein Haar
Geschwungen über deine Schultern lief,
Und küsste dir die Stirn
Und küsste dir die Wange,
Leicht das Ohr.

Dein Kleid schob ich zurück.
Du wehrtest nicht dem Blick
Und meiner Hand auf deiner Brust.
Ich sagte noch:
"Die Haut passt gut zu deinem Haar",
Dann nahmst du meine Liebe wahr.

Du glaubtest, ich sei ganz und gar,
Der Leib, der Kopf, mit dir im Paar,
Doch sah ich dich vom Boden ganz verstohlen
Eine kleine Scherbe holen,
Um gegen eine dunkle Wand
Zu sehn,
Wie dir die neue Wahrheit stand.

Nein

Durch den Klang
Der ständig hämmernden Wirbel,
Dem schrillen Pfeifen in
Meinem Ohr,
Vernahm ich deine Stimme,
Die war rein und sanft.

Du sprachst nicht mit mir
Und warst mir doch bekannt.
Die eine Frage, die ich hatte,
Last du ab von
Meinem Mund,
Und, abgewandt von mir,
Dann aus der Stille
Kam dein "Nein".

Hilflos wolltest du mich sehn,
Es sei zu meinem Guten,
Und zu andren sollt ich auch
Nicht gehn.

Dein "Nein" war sanft und gut und rein,
Und für den Bruchteil
Einer Zeit
Sollten Trommeln und das Pfeifen
Meinen Ohren Lieder sein.

Das Lied von einer schönen Frau

Mit ihren Augenlidern
Zeigte sie perfekt
Die hohe Kunst
Des Vorhangs.

Ihre strahlend blauen Tänzerinnen
Verneigten sich
Im Augenwinkel noch.

Schon wenn die schwarzen
Wimpern fast das ganze
Weiß der Bühne
Hinter sich beließen,
Sah man den letzten Saum
Der schönen Kleider doch.

Langsam kamen sie erneut hervor,
Der Mond schien aufzugehn,
Und lange mussten sie auf
Spitzen Schuhen stehn,
Bis dann, blitzschnell,
Das Licht erlosch.

Und gleich danach erschienen sie mir
Schamhaft neu, gebeugt.
Der Vorhang ging nur in die halbe Höhe.

Als ich dann ganz
In ihrer Nähe stand,
Mein Atem kaum
Noch Atem fand,
Beherrschten plötzlich
Beide Ränder ihrer Lider
Jenes Heer von
Schlangenzungen.
Die haben mir das Lied
Von einer schönen
Frau gesungen.

Was uns trennt

Mich trennt von dir,
Dass ich dich liebe.
Mich trennt von dir
Das Weib, das ich verlang!
Mich trennt von dir,
Dass ich mich nach dir sehne.

Mich trennt von dir,
Dass ich um deine Liebe bang!

Dich trennt von mir,
Wenn ich mich zu dir neige.
Dich trennt von mir,
Dass ich dir deinen Leib nicht nur berühr!
Dich trennt von mir
Der Durst, den ich dir zeige.
Dich trennt von mir,
Das, was du Enge nennst.

Dass ich die Trennung dulde,
Dass du die Trennung nicht beweinst,
Erlaubt mir im Traum deine Körpermulde
Und dir meine Königin zu sein.

Enttäuschung

Worauf soll ich meine Hoffnung setzen,
Auf Vertraun?
Kann ich mit ihm über jene Brüstung schaun,
Enttäuschung,
Die mir meinen Weg versperrt?
Kann es meine lahmen Glieder neu beleben,
Mir die müden Augenlider
Wieder heben,
Wo ich weiß, dass mein Vertrauen schwand,
Als ich dich über seinen Briefen fand,
Und du, mit hektisch roten Flecken im Gesicht,
Versuchtest schnell die Schreiben zu verstecken.
Du gabst es auch noch zu, zuletzt.
Mein Gott, auf was hab ich mein Glück gesetzt.

Flötenspiel und Saiten

Der Flötenspieler,
Dessen unbekannte Melodie
Dich gleich mit Namen nannte,
Dem du nur im Hinschaun
Töne deiner eignen Melodie antrugst,
Er schwieg bei deinem Anblick.

Du konntest nicht erkennen,
Was er sah,
Was seinem schnellen Atem
Lautlos Spiel verlieh.

Doch du begriffst
In seinem unaufhaltsam
Nehmen seine Hände,
Deren Finger dich im schnellen Lauf zu seinem
Lieblingsinstrument beriefen.

Leis erklang euch beiden
Ein Duett aus
Flötenspiel und Saiten.

Dem Hunger, der schon endlos
Tief in mir mit Bissen meinen
Alltag quälte, gab
An hohen Feiertagen noch
Der Spott das Flittchen, Durst,
Dabei.

Es strich im frohen Springen
Grässlich seine Saiten an,
Und du, du musstest auf
Der feuchten Hirtenflöte,
Ungestimmt, die Töne dazu bringen.

Nur bei solchen Festen
Kam die Lust euch an.

Die Hagerkeit der Wangen

Längst floh die Zeit
Mir dir
Aus mir
Von meinen Lippen
Und auch verständnislos
Dein Wort zu mir:
"Mit meinem Mund
Hast du mich wachgeküsst".

Damals war ich dein
Und wohnte auch
In dir.
Die Luft war voll mit Süßerem
Doch Honig sog ich
Nur aus deinem Schoß,
Und du warst erst in mir,
Wenn meine Liebe in dich
Überfloss.

Doch Hagerkeit befiel dir
Bald die Wangen.

Was wir in unsrem dunklen Raum
Nicht ahnten,
Was wir später erst erkannten,
War, dass dir der Honigtopf,
Den deine Lippen suchten,
Nur von einer andren Frau
Zu bringen war.

Als das geschah,
Begann dein Liebesdienst
Zu wachsen,
Dass mich die Hagerkeit
Der Wangen
Bald gefangen
Nahm.

Jagen nach dem Jäger

Aus deinen schräg gestellten Augen
Traten Füchse,
Heftig blinzelnd, in die Morgensonne.

Nur das Niederschlagen deiner Lider
Trieb sie wieder in die Höhlen.
Dann verließen sie dich schnell und plötzlich
Im Gepäck des Mannes,
Dem du aufgelauert,
Suchten dort nach Beute.

Dein Bild und auch
Die Wohnung deiner Füchse
Wurden ihm Gravur.

Im Umfeld der Behausung glaubte er
Schon das Revier zu kennen,
Grub im Schatten deiner
Haare, auf den
Kämmen deiner Lippen,
In den weiten Dünen deiner
Wangen heimlich sich Gedanken
An den Sieg in Mulden ein.

Und er sah, wie du es wünschtest,
Mit den Füchsen auch das Wild.

Kurz nach dem Verschwinden
Deiner Tiere in den Höhlen,
Schnell vor dem Gefangennehmen,
Zogen deine Wimpern
Mandelblüten auf.
Im trippelnden Lauf
Bestrichen deine Finger
Ihm die fiebrig heißen Lippen,
Und in dir brach schrankenlos
Ein Jagen nach dem Jäger aus.

Im Zwielicht

Im Zwielicht
Einer Rose,
Verband uns
Grün gerollt das Blatt.
Im langen Kelch
Der unteren Ufer verbarg
Der Stiel den Mund
Für seine Nahrung.
Dennoch glückte
Die Vermählung,
Und Rosenblatt für
Rosenblatt umschlang den Übergang.

Die frohe Botschaft
Trank im Fuß
Im Überfluss
Und ließ die
Farbenpracht
In stiller Werbung
Sich nach außen drehn
Und rot den Purpur sehn.

Zu hastig nahm die Zeit
Sich dieser Blüte an.

Der Magnolienbaum

Im ersten warmen Abendregen
Dieses Frühjahrs
Legte der Magnolienbaum
Das Blütenblätterkleid
Nur zögernd ab.

Im Fallen hielten nackte, feuchte Arme
Hunderte von Spitzen dieses Umhangs
Federnd auf.

Am Boden lag auf sattem Rasen,
Ganz zum Schluss, die Schar
Von rosaweißen Vogelleibern.
Ihre Flügel trug der Wind in Schiffchen fort.

Dem schlanken Baum wurd es zum abgestreiften
Nachtgewand, in dessen
Mitte, beim Verlassen schon,
Noch eines seiner Beine stand.

Es trug einst eine Frau
Zu später Nacht, als sie,
Aus kurzem Traum erwacht,
Das mondbeschien'ne Abbild
In dem Spiegel fand,
Inmitten ihres abgelegten Kleides
Sich dem Körper an.

Fremde Gitter

Deine Speise ist nicht meine Speise,
Und dein Trunk ist nicht mein Trunk, und
Deine Ordnung, die du liebst, ist
Nicht die Ordnung, die ich halte.

Deine Freiheit ist nicht meine Freiheit.
Deine Pflicht bestimmt mir nicht mein Tun,
Und der Kampf, für den du stirbst,
Ist mir nicht Tod genug.

Die Sonne warf den heißen Überhang
Uns auf die Dächer.
Brütend lud das Flimmern der rnetall'nen
Gegenstände zum Verbrennen ein.

Auf spitzen Pfoten zog das
Katzentier sich schmiegend um
Dein nacktes Bein.

Du zögertest nur einen Augenblick,
Dich dieser Hitze
Ganz in Hitze hinzugeben,
Und ließt Glut der Stangen fremder Gitter
Glühend, fremd und Gitter sein.

Lust

Ist es nicht Lust für dich,
Mich willenlos an deine kalte Brust zu legen?
Nimmst du nicht zitternd
An den Schmerz, wenn meine
Zunge wärmend dir das Fleisch bewegt,
Dort, wo dein Kind einst Nahrung trank?

Ist es nicht Lust für dich,
Gespannt die Schenkel mir
Zu dehnen, angstvoll Eingang anzuregen?

Ist es nicht Lust für dich, im Zittern, Bangen
Mir die Schultern zu umfangen,
Zu gelangen zu dem Biss
Sekundenlang dir in den Rücken
Deiner eignen Hand?

Ein Künstler legte, als ihn
Der Triumph erreichte,
Seinen Hals der Dirne in den Schoß
Und mordete, als sie die Lust
In seiner Demut gierig überkam,
Mit einem harten Gegenstand
Das Weib.

Auf deiner Suche

Auf deiner Suche

In deinen Augen kreisten
Still die Zeiger einer Uhr
Als du, auf deiner Suche
Nach Empfängnis, zu mir kamst.

Mein Angebot versprach dir
Heilung und war mild
Und ohne Hinterhalt für dich.
Auch hätt ich ohne dich
Nicht viel verlor'n.

Als ich den Zug, in dem du fuhrst,
Betrat, riss mich die Stufe,
Oder war's der Türenschlag,
Beinahe in die Tiefe.
Viel zu schnell griff deine Hand in meinen Tag.

In deinem Stirnband trugst
Du sichtbar all die feinen Räder
Deiner kunstvoll aufgebauten Uhr.
Die Zeiger dieses Werkes,
Die uns Obdach waren,
Zwangen in der Schere ständig
Mich zur Flucht.
Später klafften sie unendlich,
Trennten Kilometer weit.

Bitter und verzweifelt
Sahst du mich entfernt
Am andren Rand.

Wie solltest du von mir empfangen, wenn,
Trotz aller Mühe,
Keine Stunde uns
Zusammenfand.

Schutz im Schutze

Hilflos war sie im Verlangen
Nach dem Schutz im Schutze.

Sie ging hinter ihm im Schritt
Mit seinen Schritten.
Ihre Hand lag weich auf seiner Schulter,
Horchend auch ihr Ohr auf seinem Rücken.

Schwer ertrug er das Gepäck.
Obwohl sie nicht verlangte das
Getragensein im Tragen,
Ließ sie sein was war und mühte sich, ihm
Eng zu folgen.

Nicht sah sie den Weg, die Stufen, Türen, Gänge,
Freies Feld, das sie betraten.
Sie sah immer nur, was schon gewesen,
Wenn es hinter ihnen lag.

Sie erkannte keinen Abschied.
Was vorüber war, fing an
Ihr zu begegnen, weiter im
Entfernten und ganz nah.

Sie wagte nicht den Blick
Nach vorne über ihn hinweg
Zu heben in der Angst, der
Herzschlag träfe ihn, und lauschte
So und kontrollierte seinen Atem.

Lange blieb sie in dem Schatten.
Auch als er die Wege heimwärts lenkte,
Nahm sie das, was sie einst in der Zukunft hatten,
Als es ihr nun sichtbar wurde,
Für Vergangenheit, und auch
Was nie gewesen
Ohne Abschied in sich auf.

Ein blanker Fisch

Mein Boot hebt sich
Im letzten Schwung,
Raschelnd,
Durch das Schilfrohr
Auf den Grund
Und knirscht im Kies.

Frischer, kalter Wind
Vom offnen See
Schiebt die Wellen,
Furcht die Stellen
Langer Gräser,
Unbestimmt im Ziel.

Ich trug dir einst
Zu bleiben an
Und drängte dich
Aus deiner Bahn
Ins kleine Boot,
Zur Fahrt ins Schilf.

Du suchtest bang
Nach unsrem Steuermann.

Ich konnte deine Suche
Nicht verstehn,
Das Ufer war doch
Rundherum zu sehn.

Erst als dein Körper sich
Ins Wasser ließ
Und du, ein blanker Fisch,
Mir aus den Augen kamst,
Trieb ich an Land
Und suchte selbst
Nach einem Steuermann.

Dein Gast der Gäste

Als kalt das Eis
Vom Himmel fiel
Und tausendfaches Weiß
Sich körnte,
Erschrak dein
Sommerlicher Tag.
Stein auf Stein
Lag aufgereiht
Im Sonnenschein,
Ein Hagelschlag.

Weit vor der Wolkenwand
Erfand der ferne Regen seinen
Bunten Bogen.

Ein Lederschild, wie Kinder jetzt ihr Spielzeug
Häufig tragen,
Lag im Gartengras
Und wies nach oben.
Tanzend kochte dort die Kälte, prallte ab.

Geschmückt und voller
Duft war deine Kammer.
Dein Gast der Gäste
Traf nicht ein.
Noch spät zur Nacht
Bedachtest du in
Hoffnung andre Feste
Und lüdst dich gerne
Zu ihm ein.

Rief dich von ihm ein
Wort, nur eine Geste
Seiner Hand,
Du gingest zu ihm hin
Und trügst ihm an
Dein duftgeschmücktes Kämmerlein.

Der Durst der Flammen

Der Durst der Flammen
Fand nach heißer Glut
Durch vorgeschützte Wand
Den Brand,
Und ihre sanfte Hand
Lag ruhig in dem Schoß.
Die andere umschloss
Und hob ganz leicht die Brust.

Ihr Blick, gesenkt, vergaß
Die Knechtschaft,
Riegel, Kette, Schloss.

Es floss mit jedem Atem
Schneller die Bewegung
Ihrer Hände.

Ihr Leib verbäumte sich in Rundung,
Zart war gar ihr Lächeln,
Weit entfernt und
Halb im Flug das Angesicht.

Dann fiel sie starr
Zur Seite in die Kissen.
Die Zähne sperrten ihr den Mund
Mit Bissen in die
Unterlippe.

Viel später trug sie sich gelassen aus
Und sorgte sehr, dem Brand in
Naher Zeit nur spärlich
Kohle zu gewähren.

Im Hahnenkampf

Im Hahnenkampf
Empfandst du dich,
Um die der Streit entbrannt,
Als Mittelpunkt.

Die Frage nach der Richtung
Meines Weges konntst du
Nicht verstehn:
"Geh doch dorthin, oder dort entlang.
Du musst doch sehn, wie ich
Erst sehen muss, mit wem ich weiter geh,
Bevor ich dir von deinem
Wege Näheres berichten kann".

Im Hahnenkampf entschiedst
Du dich für den Verlierer,
Gegen deinen Willen.
Der Sieger aber nahm dich
Später und verlangte dich
Als Führer.

Ich konnte deine Frage nach
Der Richtung deines Weges
Nicht versteh'n. Ich sah doch,
Wie du am Verlierer schlepptest
Und versuchtest
In dem Sieger Sieg zu sehn.

Im Gedränge

Im Gedränge auf der Suche
Nach verlor'ner Illusion
Erfuhrst du bitter Schwangerschaft
In Wahrheit,
Festgenagelt in dem
Brautgemach der Nüchternheit.

Deine Nachbarn gaben ab genug,
Dich zu beladen mit Enttäuschung.
Trotzdem hütetest du deine Frucht im Leib,
Weil dich in Ahnung streifte spätrer Lohn.

Die Frage nach dem Vater
Deines Kindes kam dir fremd
Es war doch offenbar,
Dass du auf Suche warst.

Fremdes Gehen

Der rote Kreis des Glücks
Zerspringt beim ersten
Anspruch auf Gerechtigkeit,
Auf Gleichheit, Sattheit.
So wie andre leben
Soll die eigne Schaukel
Sich zum Himmel heben.

Kleines grünflüg'liges Sonnentier
Verwischt ein Handstreich über das Papier,
Und winzig rote Spur bleibt nur.

Mir können auch im Nachhinein
Die Weichheit deiner Brust,
Sanftes Lieben einer
Handbewegung,
Fernweh und der Zufall,
Fremdes Gehen
Nur bedeuten.

Kreidekreise

Wir zogen mit weißen Kreiden
Auf den uns eigenen
Pflastersteinen
Die großen Ringe.
Sie sollten uns allen
Wohnung, Ruhe und
Hoffnung sein.

Kaum wurde von
Unserem Umzug
Gesprochen,
Die ersten zogen
Tatsächlich schon ein,
Da traf uns in
Unsrem entschlossenen Handeln
Deine Frage nach
Weiterer Dimension.

Du zogst nicht mit ein.

Du kanntest aus unseren
Kreisen auch nicht
Den dauernden Kampf
Ums neue Beschaffen
Von weißen Kreiden.

Zu uns sprachst du trotzdem von
Deinem Zuhause,
Das läge nicht weiter entfernt.
Man schlösse
In dessen Fenster,
Auch rund und gezogen
Im weißen Kreidebogen,
Unsre Wohnungen
Einfach mit ein.

Wir
Verlangten von dir,
Uns den Eingang zu
Diesem Gebilde zu zeigen.
Wir wollten ja nicht,
Dass Andere sich unsre Habe einverleiben.
Du musstest die Fragen
Wohl nicht verstanden
Haben,
Denn du deutetest uns nur
Die Suche nach dessen
Ausgang an.

Dein Plakat

Die Stummheit deiner Sprache war mir neu.
Es überraschte, dass auch
Dein Plakat in Überlebensgröße
Keine Worte hatte,
Weder Farben, noch Symbole,
Keine Zeichen, nichts.
Weiß und nackt trugst du
Den Vorwurf vor dir her.

Du weißt, ich hatte nie den
Rednern zugehört.
Vielleicht war das der Grund.
Was nun?
Wie sollte ich erfahren,
Was nur deine Augen sahen?

Du gingst an mir vorbei,
Als ob die Zeiten des
Zusammenlebens nie gewesen sein.
Du sahst durch mich hindurch,
Und die dir folgten,
Schwiegen auch betreten.

Ich stieg auf größte Höhn
Und konnte sehn, wie sich
Im Felde draußen eure Gruppe
Bald verstreute.
Doch du gabst
Von dem Plakat zuvor
In Sorgfalt jedem deines
Häufleins gleiche
Stückchen ab.

Die Asche deiner Feuerlaube

Dem Wind, der deine Haare sanft umfing,
Und deinem Mund die Lippen strich,
Vertrautest du dich
Ratlos an.

Ihm wolltest du die
Abgebrannten Güter
Deiner Seele zeigen,
Und leise hob er auf
Ein wenig von dem Staub
Der Asche, welche du
Beklagtest,
Trieb sie wolkenartig
Vor sich her.

Dich versah er,
Stürmisch erst, dann
Leicht, mit Kühlung.
Wie konntest du ihm traun?
Verrat an dir war ihm das
Liebste Spiel.
Von Mitleid, Treue, hielt er
Gar nichts.

Denk nur an die Zeit,
Als Regen seine Peitsche war,
Und denk nur, niemals

Konnt er im Geheimnis
Schweigen.

Dünnen Wänden,
Ästen, Halmen,
jedem fremden
Hohlen Mund
Verriet er deine Sorgen.

Nur denk ich grad,
Dass eben dieser Wind
Die Asche deiner
Feuerlaube dir ins
Haus gestreut,
Und dass gerade er,
In seiner launenhaften
Unschuld,
Dir vertraut.

Im Gästezimmer

Im weißen Schleierkleid
Begingst du deine Flucht.

Im schönen Bild warst du
Gerahmt, und auch der
Mensch an deiner Seite merkte nichts.

Ein Brief aus meiner Hand,
Ich war mir selber Bote,
Kam nicht an.

Solange du im Bilderrahmen sichtbar warst,
Sprach ich zu dir.
Doch dann ...

Den Gitterstäben, die dein
Haus umgaben, trug ich im
Vorübergehen meine Botschaft an.

Der Brief, in rechter Hand gehalten,
Ratschte an dem Zaun im
Rhythmus einer ausgebrochnen Fahrradspeiche.

Wie konntest du dem Bild
Entspringen, wie kam es, dass
Bis jetzt nicht einer deiner
Lieben dein Verschwinden aufgedeckt.
Im Gegenteil, um dich noch
Deutlicher zu sehn und auch
Den Neuen gleich zu zeigen,
Wurde das Gemälde von euch beiden
Nun im Gästezimmer aufgehängt.
Wenn ich nur wüsst'
Um dein Verbleiben.

Tür aus Glas

Damals

Kann nicht vergessen,
Was wir einmal hatten.
Seh noch den Wind der Liebe
Über unsre Felder gehn.

In deinem Schoß fand ich den Trost,
Als unsre Saat
Nicht auf die Erde fand.

Als später dann
Das Wachsen doch begann,
War längst die Zeit der Illusion,
Der Hoffnung und des Glaubens
Auf ein bisschen mehr als das,
Was für das Nötigste man fand,
Zerstört.

Doch darf ich nicht verhehlen
An deinem Halse die Juwelen

Und an dem Handgelenk
Ein königlich Geschenk.

Es kam aus meiner Hand,
Die sich vergeblich
Nach dem Damals wand
Und streckte.

In heimlichen schlaflosen Nächten
Hoffte ich auf linde
Wiederkehrende Winde,
Die mir das Rauschen deiner Landung brächten.

Dein leichtes Atmen

Nachts zerbrach kein Traum
Die Ruhe seines Schlafes.
Erst im Morgengrauen
Schlug das Pfauenrad der Phantasie
Mit jeder Feder einzeln,
Schüttelnd sich im Ganzen zeigend,
Seine Wonneträume wach.

Frohlockend schritt er ab
Die Flur, bedeckt mit weißem Schnee,
Und neben ihm dein leichtes Atmen
Blieb als Spur,
Der ich die Sichtbarkeit verlieh:
Aus meiner Wunde tropfte Blut hinein.

Behende schwangst du dich
Auf seinen Federrücken.
Ehe ich's versah,
Entflogt ihr jäh.

Du warst auch mit der Zügel,
Jenem Zaumzeug, zu beschäftigt,
Ihn, ich sah's genau,
Schien wohl zuerst die

Schwere Last zu drücken.
Doch das war Täuschung.
Schon der zweite
Flügelschlag war Auftrieb.
Schnell verlort ihr euch
Am Horizont.

Mein eigner Flügelschlag
War lahm,
Und nicht erprobt war ich,
Im Neuschnee aufzufliegen,
Und meiner roten Zeugen
Nahmen andere sich an.

Geburtstag

Es gibt für mich viel zu bedauern:
Worte, die ich voreilig sprach,
Zuneigung, die ich verstieß,
Und Neigung, die mich nie verließ,
Den Verrat zu erproben.

Zu oft sah ich in dir
Das satte Tier.
Den Fettleib trugst
Du nur als Zeichen
Deiner Wollust,
Deiner Gier nach Speisen,
Ausgewählt und wahllos doch
In deiner Sucht.

Deine Sattheit
Und die Lust in der Verdauung
Rief die Angst vor dem
Danach
In mir wach.
Auch hattest du mich wissen lassen,
Die nichts hätten,
Trügen selber schuld,

Als du sprachst:
"Sieh zu mir, sieh doch ein,
Ich kann auch mit wenig zufrieden sein,
Und steh ich je
Mit leeren Händen hier"?

Er sprach wahr.
Die leeren Hände
Blieben stets den andren überlassen.
Auch nahm er an,
Dass ich wohl kaum
Selbst das Geschenkte
In den Händen halten kann.

Auch das war wahr.
Nichts konnt ich halten,
Was nicht ganz und gar
Mein Eigen war,
Und das war nichts.

Als ich mich dann endlich
Entschlossen,
Den Schritt in mein
Wirkliches Nichts getan,
Sah mich die gähnende Leere
Aus öden, leblosen Augen an.
Mein Nichts war so endlos vollkommen.
Da hab' ich mir selbst meinen
Namen genommen,
Und diesen Tag
Zu meinem Geburtstag ernannt.

Ins schwarze Rund

Ins schwarze Rund,
Ich sagte es, tiefschwarz,
Versuchte ich den Blick zu senken.

Zwei Schilde, undurchdringlich,

Waren deine Augen.

Langsam drehte ich dich hin
Zum hellen Licht.
Du fandest darin
Keine Absicht.
Doch auf dem Pupillenrand
Erkannte ich
Wie nun dein Herz
In Wärme zuckte, und
In dunkler Tiefe stand
Ein Bild, mir unbekannt,
Und hinter meinem Rücken
Doch vorhanden.

Allzu gern hätt' ich gewusst,
Ob deine Augen sahn,
Was ich in deinen Augen fand.

Eine gute, vorbildhafte Frau

Es gab auch Zeiten,
Als sie beide noch von Wohlstand sprachen,
Einem fremden Land,
Welches zu entdecken,
Zu erobern,
Jeder lohnend fand.
Der Mangel an Besitz
War festes Band und Einigkeit.
Man musste außerdem
Nicht gleich alles haben.
Damals konnten sie in Seligkeiten baden.

Die Kinder glaubten später kaum
Jenen Traum,
Als sie Trümmer dieser Zukunft sahn.

Das Elternhaus,
Das sie mit ihrem Mann gebaut,

War rundherum mit
Rostig sprödem Draht vertaut.

Sie denkt mit Schrecken an die
Ferngespräche,
Wenn er zum Einbruch banger Nächte
Wieder nicht nach Hause kam.
Und sie gestand sich manche
Üble Freiheit ein,
Die sie der besten Freundin kaum
Noch anvertraute.
Sie trieb es mit sich selbst am tollsten.

Sie musste schweigen
Über das Futter ihrer seelischen Leiden,
Alkohol und Nikotin,
Und über lange Tage, strenge Disziplin.
Heute war auch dieses Land für sie
Verloren,
Dahin war ihre Lust
Das Wenige zu retten,
Zu alt und zu verbraucht
War bald ihr Glaube
An das Morgen.

So ließ sie sich in jungen Jahren
Schon zum Mahlstein
Für die unverdauten Brocken
Ihrer Schmelze machen,
Und alle Welt befand, sie sei
Eine gute, vorbildhafte, beinah,
Noch begehrenswerte Frau.

Das Weiß des Tellers

Verschwommen ist das Weiß des Tellers.
Halb im Dünensand versteckt,
Sieht ein Mond hervor.
Gelbe Körner schlägt der Wind
An den Tellerrand.
Dicht dahinter fängt ein Berg
Sein Wachstum an,
Verschlingt die Mahlzeit,
Die er selber schafft,
Und gibt dem Wind,
Was er dahingerafft,
Viel zu spät erst wieder frei:
Einen weißen Teller
In der Wüste.

Niemand sieht die Speisung,
Einst in Fülle über, um
Und auf dem Teller,
Nun ein Meer im Meer.

Viele brachtest du vor Langeweile
Um ihr Leben.
Niemand drang im Kampf mit dir
Bis hier,
Das Weiß in seine Hand
Zu nehmen.

Ein andermal

Schon in der Morgenfrüh
Spie dein Vulkan
Geröll und Asche der
Verletzten.

Den Vorwurf, den ich
Gestern sprach und
Dessen Stachel mir

Nicht dir, ins Fleisch
Gedrungen war,
Nahmst du von Neuem an.

Als ich um Hilfe suchend
Meine Seele dir entblößte,
Sahst du nur den
Übergriff,
Und glühend breit
Floss aus auf mich
Der Lavastrom.
Was blieb, war mir der
Kalte Sprung in
Die Verzeihung.

Das Land stand
Bis zur Küste hin in Flammen,
Und selbst das
Nahe Meer erkochte dumpf.
Ich hielt dir zu den Mund
Und nahm dich mit Gewalt.

Du hielt'st gesperrt den
Widerstand, vielleicht
Aus Angst, das Land
Könnt unter dir
Versinken.
Ein andres Mal, so war
Dein Schwur, würd dir
Die Sache ganz gelingen.

Der Ascheregen schwebte lange
Über heißer Flut
Im Tageslicht
Und stahl die weite Sicht.
Auch Boot und Holz
Und alles, was einst schwamm,
War nun verbrannt
In Glut.

Tür aus Glas

Schade, dass
Die Tür aus Glas
Unter uns weilte,
Dass sie deine Worte neu
In Stille fasste.

Zu oft vergaß ich in dem
Lärmen deine Neigung,
Die Gedanken uns in Schweigen
Zu verstecken.

Du hattest bald erfahren aus
Der Stummheit die
Gefahren und verzogst doch
Hinter wortverschluckende
Fassade.

Der Zufall hob beim Transportieren
Gelber Rosen die Verdeckung ab.
Das leicht gerollte Blütenblatt
Der einen spendete unwirklich
Duft und ließ die Nähe hölzerner
Transportgefäße sein.

Später stand die Rose dann mit
Immergrün und Schleierkraut
In einer Vase.

Ein vielbeschäftigter Graveur,
Der sie mit künstlerischen Augen maß,
Schnitt ihre Linien täuschend nach
In eine Tür aus Glas.

Ein Abgrund

Als ich an deiner Küste stand
Und du die Füße deiner Flucht
Im seichten Wasser wuschst,
Trieb schon die kleinste Welle
Sand auf Sand in unsre Bucht.

Ein schmaler, flacher Fisch
Geriet im Sog ein wenig
Über deine Hand im Meer
Und fiel dann gleich zurück.
Er stand und pendelte
Mit einer Woge hin und her.

Wärme brach aus jedem
Sonnenstrahl der blonden Haare,
Die dir Rücken, Schultern, Hals umgaben.

Ich war versucht, mit meinem Atem
Über deine Haut zu fahren;
Ich war versucht, dir meine Sinne
Als die deinen anzutragen,
Dir ein Wort im Wort zu sagen,
Hätt ich nur gewusst,
Auf welcher Flucht du deine Angst verbüßtest.

Auch als die Schritte dich
Ins tief're Wasser lenkten,
Und sich die Arme hinter deinem Kopf verschränkten,
Blieb ich stumm.
Nach kurzer Zeit erschienst du drüben,
Vorgelagert auf dem Dünensand
Und riefst mir zu und winktest, dass ich kam.

Doch wurd' das Wasser
Meinen Füßen tief und tiefer, und
Der Anstieg dir zum Strand
Fing nicht an.
Da sagtest du, ich dürfte

Meinen Fuß in deine Hände legen,
Und hobst mich ab vom Grund zu dir.

Erstaunt gestandst du mir,
Dass eine Reise über deinen Mund,
Dem rosarot gewölbten,
Wegen deiner schneidend weißen
Zähne, dir aus Angst
Um mich bestand.
Schon ein leises Kosewort
Wär ein Abgrund.

Was mach ich nun

Bevor ich dir den Handkuss gab
Und meine Augen deine Augen maßen
Und dann glitten ab von deinem Hals,
Dir deine Hand zu fassen mit der Hand,
Vernahm ich deine Ironie.
Der Ring, den ich mit deinem Arm anhob,
Trug eingefasst, statt eines Edelsteins
Ein Spieglein ganz aus Glas,
Dass ich erschrak,
In meiner Nähe mir den Kuss zu geben.

Würdelos entzogst du mir den Untertan,
Er blieb in deiner Hand.

Den Ring, den du nach innen
Drehtest, mich im Blick
Drauf hauchtest und mit deinem Atem
Trocken wehtest,
Hielt die Faust umfasst.
Wie raffiniert hast du mir
Das Gesicht gestohlen.
Und ich, was mach ich nun,
Hatt nie im Leben so zu leben Ausprobiert.

Du ahntest wirklich nicht, warum

Die Tür zu deinem Blumenhof
Blieb unsichtbar.
Erst spät zur Nacht,
Als deine Gesten
Lange Schatten warfen,
Hob sich der Eingang herrlich von den
Tagespflanzen ab.

Ein schwerer, süßer Duft
Wurd uns zum Pfad.
Die Dinge, die wir bei uns
Hatten, verwarfen wir
Nach kurzer Strecke Wegs als Ballast,
Ich, ein Fremder,
Sollt auf dieser Fährte
Dir im Garten
Führer sein.
Es war wohl die Verlockung,
Die mich trug
Und mich betrog,
Denn als du dein Gewand
Verlorst, erreichten wir
Gerade noch den Ort,
Wo dich das ungewollte Wort:
"Wohin",
Aus meinem Mund
Und eine leichte Drehung
Deines Halses in die
Gruppe schöner Tänzer trieb.

Man fragte noch,
Wie du den schweren Weg gefunden.

Dann hat ein Nachtgeräusch
Die Gartentür fest zugedreht
Und Tänzerin und Tänzer
In die Dunkelheit verweht.

Noch nächtelang,
Wenn ich die langen Schatten
Deiner Gesten wieder fand,
Schritt ich die Tagespflanzen ab.
Du ahntest wirklich nicht, warum,
Und welchen Durchgang
Ich zu finden hatt.

Warte, greife nicht nach mir

Im Augenblick, als sich dein Bild von mir
Und meine Welt einander rieben,
Sagtest du ein falsches Wort:
"Warte, greife nicht
Nach mir",
Und spannst im
Wort das Netz,
In dem sich meine
Worte, die erschöpften Vögel, fingen.

Ermattet von dem Wunsch nach dir
Und von dem Wunsch, ich könnte
Frei und ohne deine Hilfe
Durch die Maschen fliegen,
Ließ ich ab von dir.

Im rosa Bad erkannten
Unsere Rücken,
Wand an Wand,
Die Wohligkeit der Wärme.

In deiner ausgestreckten Hand
Trugst du die Kanne
Voll mit frischem
Wasser für die Blumen,
Die du liebtest,
Auf der Fensterbank.

Mich fand der Spiegel nackt.
Ein Frösteln wuchs mir
Über Arm und Leib,
Und durch dein dünnes Morgenkleid
Hob sich zum Licht
Die Silhouette
Deines Körpers ab.

Ertrunken schon im Sand

Erschrocken stand ich vor dem
Wohnungseingang.

Beim Betreten,
Auf dem Treppenabsatz,
Störte mich das Knirschen wie
Von Zucker unter meinen
Schuh'n, und nun erkannt
Ich erst, dass fein der Wüstensand
Aus halb verschlossner Tür
Durch Ritzen fand.

Es konnte doch nicht sein,
Dass hinter dieser Mauer
Trockenheit begann,
Sich Hitze staute.

Ich klemmte mich hinein.

Ein schmaler Schein von
Grellem Licht fiel durch
Die scheibenlosen Fenster
In die Stube
Auf den Sandberg, der,
Im steilen Anstieg, weiter
Hin nach draußen lief.

Zwei Bilder an der Wand,
Fast ganz ertrunken schon

Im Sand,
Und auch die feine Spur
Von einem Tier, das hier
Noch Wohnung nahm,
Bemerkte ich gebückt
Im Fensterausgang.

Im Freien packte mich die Dürre.

Ich konnt mir euren Aufbruch lange nicht
Erklären, bis ich hin zum
Alten Bahnhof fand
Und sah, wie sich die Schienen
In dem Dünensand verliefen.

Nein, ich hatte nicht bemerkt,
In meinem Kommen,
Noch entfernt vom Haus,
Die Menge Sand
In eurer Wohnung und dahinter.
Auch sagte keiner, dass
Ein Anschlusszug
Nicht zur Verfügung stand.

In der Not

Schrei nicht in der Not!
Denn wer dich hörte, der hörte dich nicht,
Und wer dich sähe, der sähe dich nicht,
Und wer dich kennte, der kennte dich nicht.
Schrei nicht in der Not!

Doch, schriest du in der Not,
So würde dich hören, den du nicht hörst,
So würde dich sehen, den du nicht siehst,
So würde dich kennen, den du nicht kennst,
Er würde schreien wie du in der Not.

Ganz im Regenbogen

Ganz im Regenbogen

Dir war das junge Grün in
Deiner Nähe
Filigran am Halse
Und im Kleid,
Und Dreiecksstäbe, ganz aus Glas,
Hieltst du vor deine Augen,
Auf der Suche nach den
Tausend Farben oft
Versprochner Prismen.

Du wurdst belohnt,
Und blendend rot traf
Dich im Kreuz von
Stirn und Nase frei der
Eintritt in das
Breite Spektrum.

Neu und unerhört
War, was du fandst,
Ein Ausschnitt nur
Für dich, doch mir
Erschienst du ganz Im Regenbogen.

Vergessen im Vergessen

Der Turm im Turm der Türme ist geweiht,
Und auch die Kunst dir in der Kunst der
Künste angezeigt.
Und jedem sichtbar führt
Der Weg im Weg durch
Kunst in Kunst zum Turm im Turm.
Aus großer Höhe in der Höh der Höhe
Und aus Nähe in der Näh der Nähe
Wird dein Blick den Blick im Blick
Und Überblick den Überblick im Überblick
Verlieren.

Vergiss Vergessen im Vergessen nicht.

Zeitung

Das Papier,
Aufgeweichte schwarze Schwellung,
Punktesammlung, hell und dunkel.
Regentropfen, der vom Himmel fiel,
Brachte die Verwirrung.

Nichts ist eher gesagt
Als vor dem Gedanken gesprochen,
Und die Tat ist Gleichmaß,
Gleichschritt,
Eine Spur im Schnee,
In die der nächste tritt.

Selbst der Appell
Verhallt im Sonnenlicht
Einer Kunststofflampe,
Und kein Reiz
Erhöht die Sinnenlust.

Tief im Berg
Verhallt der Ruf

Nach Luft.
Eine gläserne Kuppel
Ist die Krönung
Der Behausung.

Fluchtverbot'ne Sandbank

Das Wasser der
Verlassnen Ufer
Schlug im Rhythmus
Tag und Nacht
Die fluchtverbot'ne Sandbank,
Und die Kiesel spülte es ins Meer,
Und später warf es diese wieder
Auf den Strand und
Spülte sie ins Meer zurück
Und auf den Strand,
Ins Meer und auf
Den Strand,
Ins Meer
Und auf den Strand.
Niemand kam
Und sah die Leere,
Niemand kam
Und nahm sich dieser Leere an.

Nur einmal trug ein großer Vogel
Lange Schatten auf die
Grenze zwischen Meer und
Ufer.
Tränenvoll verliebte ich
Mich in den Abschied,
Den wir hatten.

Welle Sehnsucht

Langgestreckte Welle Sehnsucht,
Schiffchen Seufzer tanzt
Auf deinem Rücken,
Hisst den Fetzen Fahne Hoffnung.
Buntes Seil, Erinnerung,
Läuft durch meine Hand,
Endlos auf und ab.

Fort sind all die Ufer
Meiner Träume,
Meiner Wünsche.

Schlaf begehr ich,
Schlaf, Schlaf, Schlaf.

Worte

Worte, ihr gefiederten Geburten
Meiner Lippen,
Reisende ohne Ziel,
Ohne Wiederkehr,
Nie hör ich mehr
Euer Echo,
Wo ihr bleibt,
Wen ihr trefft,
Wen ihr sucht,
Wenn ihr meinem Mund entflieht,
Und wer euch Nahrung gibt.

Das umcodierte Gen

Das umcodierte Gen

Im Augenblick der Unaufmerksamkeit
Ließt du die Hohe Schule
Deiner Wissenschaft.
In Nacht standst du im Freien,
Zähltest Sterne, die dir
Funkelnd oder blass ins
Auge stiegen.

Du warst schnell geneigt,
Sie in die Hand zu nehmen,
Konntest du doch einst
Mit ihnen spielen.
Doch dich schreckte ihre Vielzahl.

Noch im Händeheben machtest
Du aus der Bewegung ein
Gelangweilt Strecken deiner Arme, und
Dein Blick, der schon die hellsten
Unter ihnen nah zum Greifen sah,
Ließ dich erneut erschrecken, als der
Mond unmittelbar durch deine Haare strich,
Und seine Kälte
Wich dir nicht aus dem Gesicht.

Aus einem Mikrobild entwich
Einst in der Analyse einem
Virus, das im Sterben lag,
Das umcodierte Gen zum Überleben.

Judaswort: Masse

Die tänzelnden Worte, melodiös,
Mantel verborgener Leidenschaft,
Ein Regen schwer und fruchtbar.

Frühe Stunden des Verhangenen
Werden licht beim Spiel.
Über Felder weites Bangen,
Rauch und Lieb, Verrat und Sehnsucht.

Die Augen nur ein wenig auf die Erde:
Blick von Dauer, leises Lächeln,
Und verbirg die Hand.

Die schweren Karren,
Welche Last!
Jetzt in die Sonne,
Vergessen die Grate der Steine
Unter wunden Füßen,
Einst umschmeichelt.

Wo der Mund, der deine Lider schloss,
Sanft und warm und weich,
Wie der Regen.

Tag

Ach, Spinnweb, Tag,
Vom Morgentau beperlt hängst du
Im Espenlaub
Und zitterst vor Erwartung.
Kalt und glitzernd
Hältst du fest an deiner Zier.
Der erste Sonnenstrahl
Zerschießt in deiner Nähe.

Langsam greift nach mir ein Frösteln.
Angst behängt mit dünnen Fäden

Mein Erwachen.
Sie zersprangen
Und befangen,
Unsichtbar und spürbar klebrig,
Mein Verlangen,
Sich von dunkler Nacht
Zu trennen.

Leises Rufen

Leises Rufen höre ich,
Atmen einer fremden Welt,
Wenn im morgendlichen Nebel
Herbstblatt feucht zur Erde fällt.

Lange Nebelfinger greifen
Mit dem Atem schwer mein Herz.
Seh geheimnisvolle Zeichen,
Schweben namenlos daher.

Schon verklingt in naher Ferne
Ein geträumter Augenblick.
Hätt dem Rufenden so gerne
Eine Antwort zugeschickt.

Landungen

Über uns am Himmel standen
Lange die weißen
Weihrauchfahnen
Der schnellen Maschinen.

In ihnen saßen,
Vor irgend einer Landung
Ausgeschieden,
Die fliegenden Hirne
Unserer Zeit.

Ausgebreitet und
Ganz dem Flug
Ohne Rast ergeben,
Strebten sie neue
Landungen an.

Dann, irgendwann,
Trugen sie ihre Taschen,
Entblößt von den
Jagdgewehren ihrer
Vergangenheit,
Doch voll Zuversicht,
Versehen mit den Waffen
Der Gelegenheit,
In ein zu versuchendes
Land.

Kurz nur lag ihre
Hand in fremder Hand,
In andrer Hand.
Zu bleiben
War ihnen nicht beschieden.

Auch stand der Sinn
Schon vor der Landung
Nach neuen Landungen an.

Ihre fliegenden Hirne
Waren ja vor der Landung
Lange schon
Ausgeschieden und
In den Maschinen
Sitzengeblieben.

Mord im Mord des Mordes

Die Schnelligkeit in Schnelligkeit der Schnelligkeit,
Die Wort im Wort des Worts
Zum Dolch im Dolch des Dolchs verhalf,
Bekannte später Mord im Mord des Mordes.

Das Wort im Wort des Worts,
Dem Schnelligkeit in Schnelligkeit der Schnelligkeit
Zum Dolch im Dolch des Dolchs
Verhalf,
Bekannte Später Mord im Mord des Mordes.

Der Dolch im Dolch des Dolchs,
Zu dem die Schnelligkeit in Schnelligkeit der Schnelligkeit
Dem Wort im Wort des Worts
Verhalf,
Bekannte später Mord im Mord des Mordes.

Keine Abnormität

Heimatlos
Hatte er manche Nacht
Ohne Nacht verbracht.

Er wusste nicht genau,
Wann ein harmloses Wort
Anwendung fand,
Wann war dem Liebsten
Nähe zu geben,
Wann von dem Nächsten
Liebe anzunehmen.
Er stimmte zu
Oder lehnte, wenn es verlangt war,
Ab,
Und schlich sich laut
Aus Fängen, deren spitze
Kralle ihn nicht stach.

Nur einmal wurd er wach,
Als aus dem Inneren,
Aus seinem Leib,
Ihm ein Geschwür
Aufbrach,
Das zur Behandlung
Anlass gab.

Er nahm es damals
Als Besonderheit,
Dass während der langen Operation
Keine Bluttransfusion
Bei ihm nötig war.

Aus keiner der Adern,
Mit scharfem Skalpell durchstoßen,
War ein einziger Tropfen
Blutes geflossen.

Dieser Bericht ging später auch,
Mehr aus Routine,
An eine
Höhere Kommission.
Die befand, dass
Ein ähnlicher Fall schon
In alten Urkunden stand
Und hier keine Abnormität
Vorläge.

Vielleicht

Es war der Tag,
Der mir zerbrach,
In Gestern, Heut und Morgen.
Ich hab versucht,
Den Alltag mir
Alltäglich zu besorgen,
Und stieß auf dein
"Vielleicht".

Es gab mir nicht,
Wie ich erhofft, die
Sicherheit,
Es war die Frage
Nach der Gültigkeit,
Dem Anspruch,
Den mein Wunsch
Erhob.

"Vielleicht", du Eckstein
Meines Wohngebäudes,
Wurd'st zum Stolperstein
Dem Tag in schneller Fahrt,
Dass er zerbrach,
Und lässt den Alltag
Nicht mehr Alltag sein.

Drei Tage hab ich nun
Statt einem zu
Besorgen.

Traum im Traum

Sie hatte sich im Traum gesehn
In einem Kleid aus ihren eignen Haaren.
Wunderschön darein geflochten
Wob ein goldner Faden
Ihr ein dünnes Netzwerk,
Das den Leib umschloss.
Nur ihr Gesicht, der Hals
Und ihre zarten Arme
Blieben unbedeckt.

In diesem Traum war ihr im Traum
Die andre Frau erschienen,
Deren ganze Haut umspann
Ein in ihr langes Haar
Geflochtnes goldnes Garn..

In diesem Traum hatt jene
Frau im Traum im Traum ein Weib
Erkannt,
Das trug die langen Haare
Gold durchwirkt als Umhang.

Der Anfang
Dieses goldnen Fadens
Wuchs dem Weib
Aus seinen Zähnen,
Weiter aus dem Saum
Heraus der andren
Auf die Zunge
Und heraus und weiter
Durch die Kleider
Ihr dann selber
In den Mund.

Es hing auch noch
Ein Stückchen Goldband
Sichtbar aus dem Schlund,
Als sich die Frau
Erhängt in ihrer
Kammer fand.

Der kleine Splitter

Ich kann dir die Welt erklären.
Der kleine Splitter aus gelbem Glas
Vom schmutzigen Straßenrand,
Den ich auflas, als ich ihn fand,
An dem ich mich schnitt,
Er brachte mein Leben in Gefahr,
Dieser unwürdige Splitter
Aus einem Flaschenhals
Erklärte mir die Welt.

Solange er noch zwischen

Blättern und Steinen lag,
Eine züngelnde Schlange
Im warmen Sand,
War ich nicht in Gefahr,
Aber der Sonne brach er tausendmal
Das Rückgrat,
Und mich erreichte
Ein farbiger Strahl.

Hätt ich mein Leben
Im Umgang mit Splittern
Aus Glas zugebracht,
Könnte ich dir die Welt nicht erklären.

Ich sagte dir ja,
Ich hätte mein Wissen
Um ein Haar
Mit dem Leben bezahlt.

Eine Wirklichkeit

Am Bahnhof,
In den Reihen weit, weit
Hinter mir, erhebt ein
Fotograf die Kamera
Zum Zeugen.
In seinem Blickfeld trifft
Kein Bild die Wirklichkeit,
Kein ungeschminkter Augenblick
Die Suche nach dem Ungewohnten.

In Heimkehr küsst ein Weib den Mann,
Ein Gast trifft ein
Und deckt mit seiner
Schulter einen Prominenten zu.

Es langweilt ihn,
Er möchte gehn, und
Auch in seinem Objektiv

Ist alles, ganz absichtlich,
Nur verkehrt herum
Zu sehn. Das soll
Die Echtheit einer Wahrheit
Stumm beweisen,
Wenn richtig sich und
Aufrecht ihm die umgekehrten
Menschen zeigen.

Er selbst glaubt nicht
Daran, es zu erleben,
Und verfolgt im
Bild den Mann
Am Rande einer großen
Stillen Wasserlache.
Glatt und spiegelnd stellt
Sie ihn verkehrt herum
Und aufrecht hin.
Wenn nun die Füße sich
Vom Spiegelbilde trennten ...

Da setzt der Mann den Sprung
Zur andren Seite dieser Fläche an und eilt,
Im Spiegel hastig auf das Bild
Gebannt, im
Freien Raum und aufrecht
Durch das Objektiv.

Es gab mal eine Wirklichkeit,
Die war tatsächlich nur
Durch ihre eignen Taten
Von der Wirklichkeit
Zu trennen.

Dunkelheit

Leise klirrt das Birkenhaar.
Vergangenes Jahr
Sang es noch nicht unsre Zeit.

Dunkelheit.
Im Mai brach die Knospe der Armut an.
Graues Gewand, Bettlerkleid.

Wir vergaßen,
Verzeihendes Blicken,
Verständnis in die Nacht zu schicken,
Lernten nur armselig hassen.

Mich dürstet.

Eine Morgensonne

Die herbe Reinheit einer Morgensonne...
Der Rückstoß aus Raketenfeuer
Ist ihre Glut am Bauch des Flugzeugs,
Weit, weit über mir, ein Stern im Tagesgrau.

Die bittersüße Ferne
Und mein Verlangen nach der Wärme
Lassen mich nicht ruhn.

Im Leistungsfach

In seiner Professur,
Im Leistungsfach der Kybernetik,
War er aufgewacht,
Als man ihn rief,
Den Vortrag andernorts zu halten.

Beim Überschreiten einer
Straße traf er den Studenten,
Den er noch im Weitergehen fragt:
"Entschuldigung, kam ich von
Links, vom rechten Teil
Der andren Straßenseite"?
Die Antwort war ganz klar:
"Von rechts, Herr - - ".
"Gut, dann hatte ich schon meine Speise."

Er nutzte diesen Zeitgewinn
Und fertigte ein Ebenbild
Von sich, das schickte er auf Reisen.

Beförderung und Ankunft
Unterkunft und Aufenthalt,
Die waren längst bezahlt.

Das Referat jedoch und auch
Das Thema seines Ebenbildes
Kamen nicht spontan und
Überzeugt wie sonst bei seinen Hörern an.
Es fehlte wohl die Eigenart
Seiner Gegenwart.

Als er ein nächstes Mal
Sich heimlich unter die
Besucher stahl, kam keiner in Beschwerden.
Er war wie früher
Und in seinen Reden
Viel, viel transparenter.

Mit bunten Kleidern

Das kleine Schiff, das uns,
Der Strömung folgend,
Durch die Riffe führte,
Schwankte stark bei jedem
Ruf nach Hilfe.

Den Steuermann
Bestimmten wir im Überschwang noch selbst.

Ein Wrack, das menschenleer
Auf einem Felsen lag,
Kieloben, zeigte, wie gering
Der Wert des Ruders war.

Von jeder harten Kante
Stießen wir das Boot mit
Stangen ab und tasteten im Tiefen,
Grund zu finden.

Sturm kam auf, und wir
Beeilten uns, den Kahn am
Wrack, noch ganz in unsrer
Nähe, festzubinden.
Anker sollte es in letzter Not uns sein.

Es tat sich leicht, im Nachhinein
Den Jammer festzuhalten,
Der uns einst befiel,
Und alte Schatten neu mit
Bunten Kleidern zu gestalten.

Die Nacktheit, die uns Tag für Tag umgab,
Und nachts dem Schlaf die
Kälte brachte, blickte voller
Neid auf unser Mühn.

Voller Worte

Die Burg, die scharfe, weiße Türme
Dir bewachten, war ein
Labyrinth.
Zwei offene Passagen gaben
Jedem Gast den Weg ins Innre
Frei.

Sie waren oft verloren.
Du hattest eigene Soldaten,
Strenge Polizisten, auserkoren,
Die im Hinterhalt und offen
Für die Burg den Schutz getroffen hatten.

Ihr Übereifer brachte dir Betroffenheit,
Wenn selbst ein braver Gast
Noch lange vor dem Wort im Wort
Am Boden lag.

Auch die Kinder deiner Burg
Zensiertest du im Streben
Ihnen Überleben vor dem
Schreiten über deine schnell
Bewegte Brücke ohne
Rückkehr mitzugeben.

Mancher der Besucher aber
Trat ganz plötzlich dir
Vor Augen, kam direkt und
Ohne Umweg in dein Herz
Geflogen.

Du, ein König und ein Meister
Ungesprochner Worte,
Klagtest, dass dein Herz
In Schmerzen schrei und dass
Das Schweigen, welches dir so viel bedeute,
Voller Worte sei.

Gedanken

Ein löchrig grauer Schleier
Mit den Fäden verhaltener Unruh'
Treibt auf den glatten Wellen
Des jungen Tages.

Die Nähe des Strandes
Und fünfzig-, ja hundertfaches Auf und Nieder
Bewegen die ersten Sonnenstrahlen
In jedem Gedanken.

Rot, dann gelblich, färbt sich
Langsam das Grün der Gräser,
Wie Glas, so zerbrechlich,
Und neigen sich doch im Wind
Bis hinab zum Sand.

Die Freiheit der Maschine

Die Freiheit der Maschine

Der Gurt verlief durch tausend Spitzen deines
Kleides hin zu festem Halt
Und zwang dich, still zu sitzen.

Dir schien, als müsse
Das Geschehen ohne dich
Geschehn, und was zu deiner
Sicherheit geschah,
War Band in dem Gefährt,
Das deine Freiheit maß,
Und schnitt dich ein.

Dem Gurt entsprang auch
Ungebundensein, sobald
Du das Gefährt verließt und
Angstvoll in der dunklen Straße
Schatten hinter jedem Baum

Und jeder Häuserecke sahst.

Den Absturz eines Flugzeugs
Über unwirtlichem Busch
Und der Region Verdammter,
Konnte eine junge Frau als einzige
Mit ihrem Leben überleben.
Weil sie durch Zufall in dem
Studium von dem Geheimnis
Im Geheimnis, Urwald,
Nahrung in den Wurzeln fand,
War ihr die Freiheit der Maschine
Wie den vielen andren,
Die mit ihr zunächst am Leben blieben,
Nicht zum Grab beschieden.

Böse Gedanken

Der Schatten einer jähen Hand
Berührte die Gedanken.
Sie tropften kalt und klar herab,
Den Schößling in der Hand zu tränken.
Der spross so schnell, und seine grünen Fäden
Durchzogen rasch das Denken.

Die Speisung war nicht knapp,
Gedanken gab es ohne Schranken,
Ein heilloser Quell.

Erst war es nur der frische Wuchs,
Der sich, wie im Spiegel, ein Abbild schuf,
Dann trieb er Blüten, die zu Früchten wurden,
Und lud zur Ernte,
Dass der Saft zum Rinnsal fand,
Und Ungeduld mit Hoffnung
Und die Hoffnung mit der Unschuld sich entfernten.

Ohnmacht

Aus hohlen Händen
Unlösbar verstrickter Ohnmacht
Trifft dein Blick die Gegenwart.
Lautlos ist dein Ruf nach Zärtlichkeit,
Nach trockener Umarmung,
Warmem Umhang,
Den dir fremde Schultern leihen sollen;
Schultern, die zugleich den
Purpur deines Königs tragen,
Eines Königs, der dich rief,
Eines Rufers tief aus deiner Seele,
Einer Seele, die in Stricken schreit,
Eines Schreis, den deine eignen
Hohlen Hände dir ersticken.

Verschollen

Ich hatte einmal das Singen gelernt
Und mir an dem Feuer die Hände gewärmt.
Ich kam einst aus eisiger Nacht,
Und andere haben mein Bett gemacht.
Ich war sehr lange verschollen
Und wurd erst vermisst, als ich kam.
Ich hätte mich melden sollen,
Nahm man an.

Man konnt ja nicht wissen,
In meinem Herzen war eine
Eisgefrorene Melodie.
Ich kannte doch nur sie
All die Zeit.

Dies Glasgewächs war meine
Wohnung, wie könnt' ich sie missen;
Ihre Durchsichtigkeit meine Ewigkeit.
Ich brachte sie oft zum Klingen,
Ich lernte dabei das Singen.

Und brach sich im Eis ein Sonnenstrahl,
War ich dankbar.

In der Nacht noch sah ich das Feuer,
Es strahlte so merkwürdig klar,
Und es wuchs ein gläserner Pfahl
Aus der Pracht.

In fremdem Bett lag ich jede Nacht,
Durchbohrt von dem hellen Kristall.
War unbeweglich in der Qual.
Wie hätt ich mich melden sollen,
In mir und um mich das gläserne Eisgemäuer,
Blieb ich verschollen.

Der Prozess

In mir ist stündlich, täglich
Ein Prozess.
Ich klag mir an
Die Untat, die mein Herz ersann,
Und prüf,
Wie's wär
Wenn's eine Wirklichkeit gegeben hätt.

Ganz qualvoll
Überschüttet mich die Lust,
Dem, der in letzter Not mich ruft,
Gelähmt den Rücken zuzukehren,
Nur weil er Dinge sprach
Und Sachen tat,
Die mich im tiefsten Grund
Verletzten.

Bevor ich flieh vor dem Entsetzen,
Dafür von mir bestraft zu werden,
Steht jener wieder auf
Und lacht mir
Schallend hinterher.

Er ist nun das Gericht.
Er treibt mir Panik ins Gesicht,
Und nass vom Schweiß wird meine Haut.

Ich schrei vor Angst um Hilfe,
Rufe wohl vertraute Namen laut
Und kann es ihm nicht wehren,
Mir nun den Rücken zuzukehren.

Ohne Hoffnung

Gott, oh mein Gott,
Mach ungeschehen diese Tat.
Kann nicht verstehen meine Not.
Mich grausts bei meinem Leben.
Ach, könnt' ich's von mir geben.

Hab nicht die Kraft, mich zu erhalten,
Hab nicht geahnt das Schlimme, das mich traf.
Nein, nein, es darf nicht Wahrheit sein.

Mein Lebtag rief ich dich nicht an.
Doch irgendwann, es musste ja so kommen,
Wurd' mir das Liebste von der Welt genommen.

Und dieser Hohn, den ich mir selbst bereite,
Die unglaubliche Demut,
Die mein Herz nicht einen Deut befreit,
Und mich verlässt
Und mich belässt
In der Gedankenlosigkeit.

Bin ja zum Sterben so bereit.

In Gefangenschaft

Eine Nacht hab ich verbracht
In der Gefangenschaft.

Noch abends war ich frei,
Als ich in Freundschaft zu dir kam.
Doch mein Besuch,
Mein Kommen, fand dich
Eitel triumphierend,
Über Siege schluchzend,
Die du früher nur belacht.
Sie waren diesmal dir gegönnt.
Ein andermal erkennst du nicht
Den Kampf,
Der unter fremden Gegnern brennt.

Zu selten warst du Sieger,
Um besiegt zu sein,
Zu selten stellte sich bei dir
Der Hass des Gegners ein.

Um deiner Rettung willen,
Hab ich verbracht die Nacht
In der Gefangenschaft.

Wilder Wein

Ich riss von deinen Wangen ab
Den Rank aus wildem Wein,
Und auch die Beeren aus Achat
Ließ ich an deinem Hals nicht sein.

Es war dir gleich, wie ich dich sah.
Von jedem Saugnapf der
Entfernten Reben blieb
Ein Quell aus roter Angst auf deiner Haut.
Du wolltest mir auch nicht
Die Frische der Befreiung geben,

Verrietst mir nicht den Rebstock,
Seinen Aufenthalt.

Mein Morden und mein Töten
Trieben nur den Wuchs
Noch stärker an,
Bis du gebarst in deinen Nöten
Und voller List aus deinem Wein den Saft,
Der mir Besinnung nahm
Und der die Kraft,
Bei dir zu sein,
Mir raubte.

Zeit zu leben

Zeit zu leben

Die Atemlosigkeit der selbstgeschaffnen Freiheit
Hielt ihn fest umklammert.
Und er beschwor
In größter Furcht um den Verlust,
In Strenge,
Seine Lieben,
Zwang sie alle zu Respekt,
Zum Kniefall.

Von Frau und Kind kam
Jedes Opfer ohne Klage.
Sie richteten sich ein und
Nahmen an Verzicht und
Auch Geborgensein in der Gemeinsamkeit.
Sie trieb voran die Angst um diesen Mann,
Und ihre Angst erhoben sie zum Ritual,
Das sie nach draußen trugen.
So schufen sie sich ihre Zeit
In seiner Zeit
Zu leben.

Ihm verhieß in Wachsamkeit

Der Grund für die Umklammerung:
Nach deiner Zeit wird dir die Zeit
Zu leben
Auch gegeben.
Das nahm er willig hin.

Das Paradies auf Erden I

Das Blau des Himmels
War tief in die Nacht getaucht,
Die Sonne lang zuvor verbrannt
Im Rauch und Staub der Stadt.
Sternenlos und gelblich hell wurd nun
Der schwarze Rand am Horizont.
Ein Nachtzug spiegelte im
Braungetönten Fensterglas
Vom Bahnsteig langsam
Die Gesichter mit sich fort,
Und drinnen saßen ihre Koffer.

Am Ziel der Reise angelangt
Versuchte mancher, sich, das Tagesblau
Aus dieser Fahrt zu retten,
Suchte zögernd seine Hand
In eine warme Hand zu stecken.

Ein Anderer ergriff nur trocken
Einen abgebrochnen Ast von
Jenem Baum, der splitternd fällt,
Wenn ihn die Windlast
Allzu lange quält.

Und still in diesem Märchenland
Saß auf dem Stein ein fremdes Kind,
Das fand, den Kopf gelehnt an eine Wand,
Halb schlafend schon im Lärmen,
Das Paradies auf Erden.

Das Paradies auf Erden II

Es ist wahr, ich schrieb schon einmal
Übers Paradies auf Erden.
Doch das war mehr Wunsch als Wirklichkeit.

Die Wirklichkeit zu diesem Wunsch
Hat mich heut' wachgemacht,
Hat mich geweckt, fast aufgeschreckt
Und in ein Paradies gestoßen,
Das war mir zum Fassen nah.

Ich traf auf eine Frau,
Die sah ich vorher
Niemals schwanger gehn,
Und nun mit einem Kind
Von fast zwei Jahren an der Hand.
Sie sagte mir:
Die haben wir seit einem Jahr.
,,Die Kleine fehlte uns im Haus.
Heut' gehn wir aus,
Sie fährt so gerne mit der Bahn.
Wir haben sie seit kurzem
Adoptiert."

Ich kniete mich vor dieses Kind,
Das gab mir seine Hand
Und sah dann seine Mutter an
Und ich die auch.

Das Paradies :
War wirklich nicht die Adoption.
Das Paradies war diese Frau,
Die nicht nur sprach und redete,
Von dem sie sprach,
Nein, die die Dinge tat,
Wenn sie dagegen war,
Ein andres Mal dafür.
Und hier war sie dagegen,
Um dafür zu sein,

Und rettete für sich
Und für das Kind
Das eine und dos andre Leben,
Die sie beide nicht
Von sich aus
Hatte geben können.

Zwanzig Jahre Kampf

Zwanzig Jahre Kampf,
Und messen mit dem Unmessbaren.
Zwanzig Jahre achten auf die Uhr,
Ihr Ticken,
Auf ihr Schweigen,
Wenn der Lärm der Zweifel
Ihre Ruhe überdeckt.

Ungeweckt,
Und schon dem Greisenalter näher,
Kommt ganz unverhofft ein ungekrönter Mund
Und singt dir deine Lieder,
Immer wieder,
Immer wieder.

Kennt auch deine Lieblingsmelodie,
Die, nie gesungen,
Doch ein ästevoller Baum
Und blütenreich
Dich schmückt.

Lausche ihr
Und traue ihr
Und deinem Glück.
Es kam nun doch
Nach langer Irrfahrt
Als ein Wohnschiff
In dein Haus zurück.

Mitten im Treiben

Mich überfällt die Minute der Andacht
Ohne Grund,
Mitten im Treiben.

Ich bin auch nicht auf diese Stunde versessen.
Nur Stille, eine Sekunde
Des Friedens, die mich überkommt,
Ganz ungewohnt,
Lässt mich alles unterbrechen
Und vergessen.

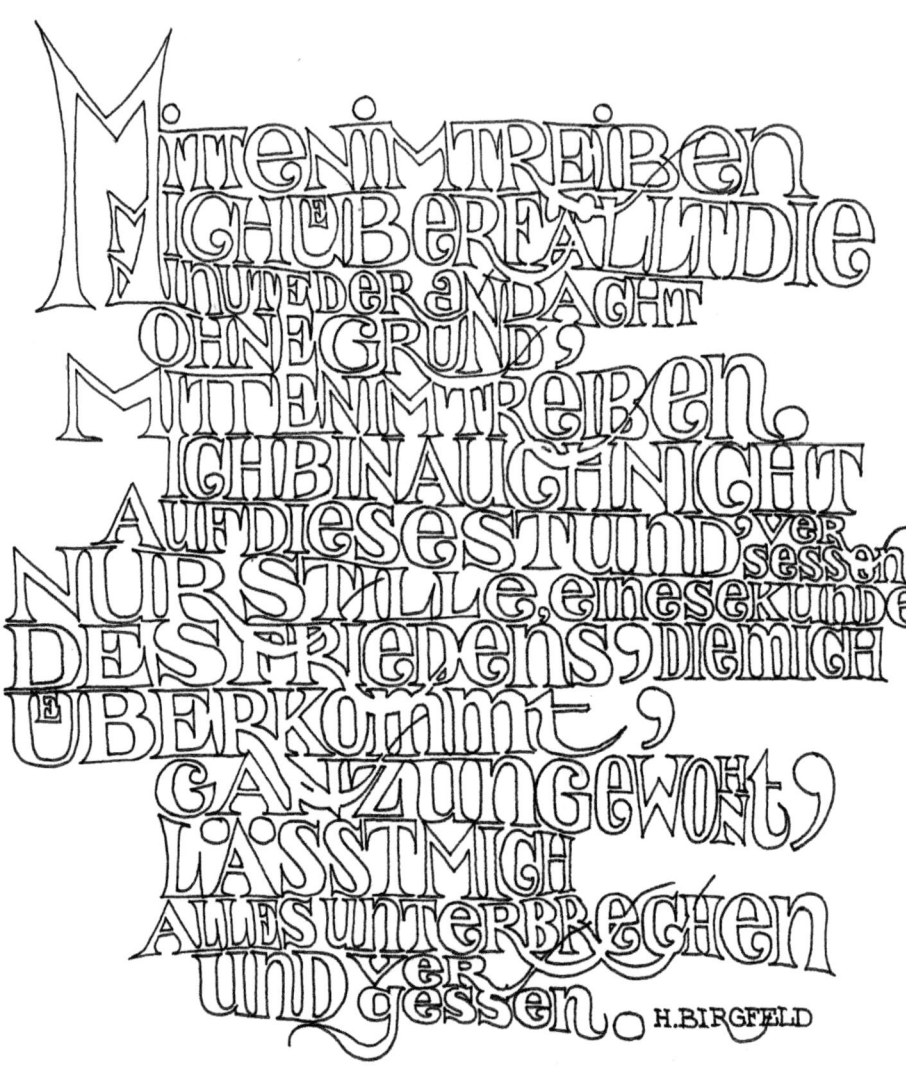

Grafik: Edwin Vahl

Glück im Glück

An jenem Sonnentag
Erstarrte hell der Weg,
Den du gegangen warst,
Im blanken Weiß
Des Sandes
Dir zu sprödem Eis.

Ohne Schuh gingst du
Am Rande des Erlaubten.

Rot und funkelnd machten
Deine Füße zögernd jeden
Schritt nach vorn.

Den Saum des Kleides,
Dass du daran dachtest
Ihn zu schonen,
Oder war es deine Neugier,
Fuß im Fuße deiner Sohlen
Anzuschauen,
Hobst du maßvoll in die Höh.

Ganz unumwunden
Trugst du nun schon
Tag für Tag
Und ohne jede Sorgfalt
Teuersten Karat
Ins Stirnhaar eingebunden.

Und du erzähltest jedem
Von dem Bild, das du
Im Bilderbuch gefunden.

Viel zu stark empfandest du
Dein Glück im Glück.

Immer neue Muster

Du sammeltest die Splitter
Der durchwachsen Nacht
In schaler Absicht.

Was in Müdigkeit von
Fremden mitgeteilt,
In weher Hoffnung dir,
Dem Unbelasteten, zu tragen
Anvertraut, das warfst
Du nur zusammen.

Du brauchtest mehr,
Viel war dir noch lange
Nicht genug.

Du merktest auch, zu oft
War es das gleiche und
Die Gleichen kamen dir zu oft.

Um Farbenpracht, wie du sie brauchtest,
Zu erreichen,
Gingst du mit der Sammeldose auch
Noch Tags zu den Bedrückten.

Du sagtest frech, es sei die
Nacht, die sich im Tage
Tummelte, und auch,
Du wärst dabei, ein wenig
Licht in Finsternis
Zu tragen.

In einem Treppenaufgang
Konnt ein hilflos krumm
Gewachs'ner Mann,
Die Spitze seines Kinns
Berührte fast das Knie,
Die Stufen einzeln nur
Erklimmen, weil in

Blindheit eine Frau,
Der er die Führung übernahm,
Ihn schob und zerrte.

In seiner ausgestreckten
Hand erhob er zitternd über sich
Vor ihre Augen
Ein Kaleidoskop,
Mit dem er ihr versprach:
"In deiner Dunkelheit werd
Ich dir heut die neuen Splitter
Zwischen den Glasscheiben
Zeigen und im Drehen
Immer neue Muster weben".

Im Augenblick des Augenblicks

Dir, Simone, Kind im Kind,
Entnahm ich aus der
Hingestreckten Hand das
Blau deiner Augen.

Was du mir gabst,
Kam ohne Argwohn,
Ohne Frage nach Warum, Weshalb,
Und ich umschloss es angstvoll, hütete mein
Übermaß an Glück.

Kein Juwelier konnt
Besser Fassung einem
Steine bringen,
Als der kleinen Hand in
Führung meine Führung war.

Es war dein Kleid, das
Von den Schultern kinderleicht,
Als Turm
Auf deinen Füßen stand.

Die Wendeltreppe nahm darin
Im Augenblick des Augenblicks
Kein Ende.

Puppen in der Poesie

Als Frau von außerordentlicher Reife
Erzog sie ihre Puppen
In der Poesie.

Sie liebte sie und war doch streng
In ihrer Auswahl
Stummer Lehrer.
Nur das Auge galt ihr viel.

Belebt und voller
Reden mussten die
Betrachter sein,
Das gäbe ihren
Puppen Leben.

Auch hatte sie den
Übergang vom Tag
Zur Nacht für
Ihre Lieben abgeschafft.
Frei nach ihrer Wahl,
Man brauchte sich nicht
Lang zu sehnen,
Schuf sie Mondlicht,
Sonnenschein und
Regen gar.

Im Laufe der Erziehung
Dieser Kleinen fing sie
An, von jenem Tag zu träumen,
An dem die Puppen
Ihr in Poesie
Entflögen.

Das nahm sie jetzt schon
Stolz und als ihr Schicksal
Hin und wusste auch,
Sie würde dann aus
Einem Puppenladen,
Neue, unerzogne Puppen
Zu sich laden.

Die Zeit der Fütterung

Hab keine Zeit

Hab keine Zeit,
Zu denken, was gescheh'n.
Hab keine Zeit,
Mich umzudrehn.
Hab keine Zeit,
Mich deiner anzunehm'n.
Hab keine Zeit,
Darf nicht zur Seite sehn.

Hab keine Zeit, hab keine Zeit.
Was für die Zeit ist, soll von mir aus dauern,
Das, was von Wert ist, soll ein andrer untermauern.
Was für den Augenblick gemacht,
Das hab ich gestern schon bedacht.
Hab keine Zeit, hab keine Zeit.
Die Zeit ist viel zu kurz,
Mein Weg ist noch so weit.

Hab keine Zeit,
Zu überdenken, was begann.
Hab keine Zeit,
Dir zu erklären meinen Wahn.
Hab keine Zeit,
Mich nach dem Grund zu fragen.
Hab keine Zeit,
Muss schnell mein Päckchen weitertragen.

Hab keine Zeit, hab keine Zeit,
Mir sitzt der Affe fest im Nacken.
Er hat die Zeit mir zu bewachen,
Er schreckt mich auf, wenn mich die Zeit erreicht.

Hab keine Zeit, hab keine Zeit.
Es ist kaum Zeit, die mir noch bleibt,
Bevor sie auseinandertreibt.

Die Zeit der Fütterung

Die Dämmerung beginnt
Der Nacht den Hof zu machen.
Es richtet sich die Stadt,
Ein Hofhund,
Hinter dem die langen Ketten schleifen,
Zu scharfer Wacht und auch zugleich
Zum Schlafen ein.

Das Nachtlicht
Bricht sich
Schon im Glas der Fensterscheiben,
In dem schwarzen Blank
Der Wagen,
Die vorüber treiben.

Am Bahnhof treffen sich die
Sehnsuchtsvollen,
Die Namen- und die Heimatlosen.
Manch einer nimmt Gelegenheit
Und ausdruckslos ein billig Weib,
Ein anderer den weißen Traum zu reiten.

Ein Reisender bemerkt es kaum.
Ihn treibt der Anschluss,
Auch der Weg nach Haus.

Im Vorort geht ein jugendlicher Zug
Zu irgendeinem Treffen.

Ein junges Eheweib empfängt
Mit Schimpf den Mann,
Der fängt das Saufen wieder an.

Und in dem Vorsaal, am Empfang,
Am Operneingang,
Im Foyer,
Hebt offiziell der elegante Mann
Zur schönen Frau sein Glas.
Und vielen Frauen
Wird am Telefon gesagt:
"Ich komm heut später,
Warte nicht auf mich,
Es wird ein langer Tag".
Sie ist zu keiner Gegenfrage
In der Lage,
Und hält den Kindern wieder
Überstunden vor.
Nur dem Großen traut sie sich nicht
Solches noch zu sagen.
Sie baut sich so
Ein strohig Nest der Einsamkeit
Und kann doch über sonst nichts klagen.

Ein Einbruch findet in belebter Nähe statt.
Ein altes Weib, das zeternd schreit,
Bleibt ungehört.

Dies ist die Zeit der Fütterung,
Die Zeit, in der ein Fernsehbild
Den aufgebrochnen Hunger stillt.

Tanz

Die Einsamkeit treibt müde Füße an den Strand,
Den Blick zu senken in den Splitter,
Meerschaumflimmer und den Kuss aus Blut
Beim Sonnenuntergang.
Schweigen, Dämon Sehnsucht, schleicht verratend

In den Schemen dunkler Wanderer.
Im Flitter bricht verwehter Schleier
Über alles hin,
Im Dünengras das Stirnhaar
Unsichtbarer Züge.
Dann locken tausend Lampen einer Stadt
Die Nachtgesichter, und es geht der Atem
Wilden Trunkes.
Ich tanze mit!
Bringt morgen nicht die Sonne
Dieser Erde Horizonte und schickt Grenzen,
Enge Räume wieder?

Das Licht der Straßen schmettert nachts
Zerrissene Gestalten, und das Meer,
Unweit der Stadt, brüllt höhnend.

Spiegelung

Früh am Morgen in der Bahn
Seh ich deine jungen Augen.
Aus dem schwarzen Haar
Fällt dir im Gleichmaß der Bewegungen
Ein Ohrgehänge
In den Schoß.

Deine Hand umschließt
Es schnell.

Neigst den Kopf in
Mädchenhafter Zier zur Seite.
Blickst zu mir.
Und die beiden schlanken Hände
Sind dir streng bewachte Zofen,
Mein Gesicht dein Spiegel.

Hinterm Baldachin der dunklen Locken
Brauchst du lange, dich zu richten.
Deine Lippen formen lautlos Worte.

Ob du meine Sprache sprichst?
Nein, nein, versuch es nicht,
Zu zerbrechlich
Trägst du deine Anmut.

Aus dem Dunkel fährt der Zug
Ins Tageslicht,
Bricht die sanften Schatten
Deiner Lider, färbt die Wangen,
Formt den Mund.
Wieder neige ich dir deine Schönheit
Zu verraten.

Doch im leichten Zucken, Flackern
Deiner Augenbrauen,
Im Erkennen, eines Hebens deiner Hand,
Zur Wand in meiner Nähe,
Spür ich dich entgleiten
In die unnahbare Ferne
Einer Spiegelung.

Auf Reisen

Erst, als das flache Sonnenlicht
Ihr leichtes, weißes Kleid erhellt,
Als ich im weit geschwungnen Fenster
Ein bewegtes Spiegelbild gestellt,
Kann ich sie plötzlich sehn.

Im Reisebus sitzt sie ganz vorn'
Und sagt in fremder Sprache etwas an,
Sieht gradeaus,
So dass ich sie von hinten kaum,
Nun aber klar und ganz
Im Fensterglanz ihr Ebenbild erkennen kann.

Im Fensterrund erscheint sie mir
Zunächst zu zweit,
Die eine üppig, etwas breit,

Die andre in der Fensterseite
Zart und schmal.
Sie sehen sich nicht an,
Wie Schwestern die nur aufeinander horchen,
Sich verschämt die Brüste einer Frau wohl kennen,
Und doch, ein wenig abgewandt,
Einander nicht mit Namen nennen.
Dann geht mein Blick durchs Seitenfenster,
Und nun, im Spiegel der nach hinten zeigt,
Begegnen unsre Augen sich genau.

Sie bleibt verwirrt in ihrem Vortrag stecken,
Rückt schnell vom Sitz sich seitwärts hin,
Als wollte sie die Beine strecken.

Die nächste Kurve lässt dazu
Das Doppelbild verlöschen.
Kein Abbild bleibt.

Durchs Mikrofon dringt wieder nur
Das monoton Erzählte,
Ausgewählte.
Das kannte ich von andren Reisen schon.

Ein Traum

Mich drängt der Tag,
Den Traum der Nacht
Neu zu beginnen.

Nicht weiß ich mehr,
Und hab doch lange nachgedacht,
Wie er verlief.
Der Tag will heute
Traum und Wachheit sein.

Die ausgehöhlten
Steingehaunen Treppen
In den Turm geh ich hinauf.

Ein Falke ist im Ausguck
Noch zu sehn,
Und Tauben flattern auf,
Und Menschen, Kinder,
Seh ich weiter oben stehn.
Zur Seite führt ein Weg,
Zu einem leicht geschwungnen Steg
Aus Holz.
Ich muss ganz dicht an dieser Mauer gehn,
Nun um den Erker noch herum
Fällt steil der Glockenturm
Nach innen ab.
Im Gegenüber in der Wand
Verdecken jene Menschen mit der Hand
Sich wohl ein Auge, auch den Mund,
Und warten auf den Sprung.

Der Weg, den ich doch eben kam,
Ist nicht mehr so, wie ich ihn nahm,
Viel schmaler, enger scheint er mir.
Ich greif zur Seite, öffne eine Tür.
Auch hier ist nur ein halber Schritt zu machen,
Grad noch die Mauerbreite fasst den Tritt.
Von einem hoch gewachsnen Baum
Erreichen Blätter, dünne Äste,
Wie ein trügerischer Zaun,
Den Ausgang. Dessen Ende
Sind erneut die steilen Wände.
Die Tür fällt hinter mir ins Schloss
Ich stürz nach vorn ins Leere von dem Stoß.
Die Hände
Greifen, fassen,
Rutschen ab vom Blattwerk.
Immer länger, leichter wird mein Fall.

Ich seh mich um,
Man stößt mich an:
"Bitte weiter gehn,
Sie sind der letzte, Mann".

Es tut sich nichts

Es tut sich nichts.
Kein Laut, kein Wind,
Kein Summen von Maschinen,
Keine Stimme,
Die sich regt.
Selbst Schritte im Entfernten eines
Uhrentickens bleiben stehn,
Und weiße Laken makelloser
Stille haben sich gelegt.

Ruhe weit und breit.
Das Atmen blätterreicher Bäume schweigt
Und lässt in Langsamkeit den
Blütenduft, die Wolke, schweben.

Ein Kind, das bettelnd, arm,
Am Straßenrand in einem
Fremden Lande stand,
Erkannte nicht die wortlos hingehaltne
Gabe.

Der nottrainierte Sinn der
Kleinen Blinden sprach nur
Noch auf Schatten an.
Sie konnte keine Ruhe
In der Ruhe übergroßer Leere
Finden.

Der neue Tag

Der grüne Flaschenhals des neuen Tages
Wird an einer harten Kante
Abgetrennt mit einem Schlag,
Und trüb und sprudelnd
Zieht der jüngste Zeitenbote ein.

Grau, verhangen, ist der Himmel
Von der langen Nacht,
Und wer bis jetzt sein Glück bewacht,
Der nimmt es sorgsam in sein Heim,
Das Liebchen, gut gestimmt vom Tanz,
Das kranke Kind,
Mit müden Augen von der Ambulanz.
Und wer sein Glück
In dieser letzten Dunkelheit verlor,
Der traut sich nicht zurück,
Traut nicht zu klopfen in der Früh
An seines Freundes Tor,
Bleibt ganz mit einem fremden Hund
Am Weg zum Park allein.
Dem wirft er nach den Stein,
Der dem Geschick gegolten hat.

Die Hast, die Unruh,
Greift um sich
Wie ein Gerücht,
Von Tür zu Tür.

Man sieht Gesichter dort und hier
Mit irrem stumpfem Blick.
Ein andrer nimmt sein Weib,
Die Hand,
Ein leichter Kuss, gedrückt auf seinen Mund.

Die Autos fahren viel zu eng,
Und dort, im Eingang zu den Zügen
Wird gedrängt.
Der Assistenzarzt, der die Nacht
Am Schreibtisch, Krankenbett,
In der Kantine zugebracht,
Stellt seine leere Tasche in der Bahn
Zum unbekannten Sitznachbarn.
Der sieht ihn lang
Mit blutig roten Augen an,
Geschunden von dem Wein, dem Bier.
Um dieses Untier zu bewahr'n,

Tret ich vielleicht
Die nächste Wache an,
Denkt er und plant zugleich,
Nicht mehr nach Aussehn,
Äußerem zu gehn.

Der Unfall auf der Straße,
Ein Zusammenstoß
Und eine Menschentraube,
Die zusammen floss,
Die bleiben schnell und weit zurück.

Doch manchen Mann erregt das Bild.
So wird der Tag
Dem Durstigen süß, der trinkt mit Hast,
Dem Satten sauer ausgeschenkt,
Und jeder zu dem Napf gedrängt,
Und trocken schluckt
Im blanken Grund
Der arme Hund
Den Rest.

Metall

Es gibt dieses Blech,
Das gewölbt ist und krumm,
Vielleicht von Künstlerhand geformt,
Nur ein Stück.
Es gibt dieses Rot,
Vielleicht ein Sonnenlicht,
Warm und verstreut,
Wie Lockenhaar.
Und man weiß nicht,
Ist es neu, ist es alt,
War es gestern,
Ist es noch sichtbar,
Oder schon ein Traum.

Macht und Größe

Du verlangtest den Blick
Auf den Meeresgrund,
Dabei war Nacht
Und schaumgeknotete Kraft
Schlug die Wellen.

Du verlangtest das Wort
Aus verschämt verschwiegenem Mund,
Dem rebellische Tat die
Zunge schnitt aus dem Schlund.

Du wolltest die Liebe
Aus dem Leibe stampfen,
Einem Schoß, dem, vergewaltigt,
Neues Leben gepflanzt.

Du wolltest das kalte Eisen biegen,
Nach deinem Verstand.

Vergiss deine Macht, deine Größe.
Nimm für den Meeresgrund
Den Strand, nachthell erleuchtet
Vom Wellenbrand,
Und für das Wort jenen Schrei
Aus den Augen,
Und nimm für die Liebe den
Schößling an.

Ja, Macht und Größe,
Nehmt euch dieses Mannes
An.

Madrid

Überreife Frucht!
Mein Fernweh sucht
Deine Fiestaschaukel,
Deinen Farbengaukel,
Den Stank der heißen Stiere
Und das Brüllen der Tiere,
Dampfende Gesänge
Aus der Straßenenge,
Das Gitarrenflammen,
Brennendes Verlangen
Und ein lächelndes Augenblitzen
Aus Kellerritzen;

Das Klatschen der Kastagnetten,
Die lebenden Silhouetten
Aus der Spelunke tief,
Den Schauer, der über die Menge lief,
Als der Matador hinter die Hörner stieß,
Und wieder das wirbelnde Tanzen,
Flamenco stampfen, Mantilla wehen,
Gehen und Drehen,
Taumeln, Stehen!
Das Weiterreichen
Der quellengleichen
Vollen Karaffe in der Runde
Von Mund zu Mund.

Nachtfahrt

In der Nachtfahrt wirfst du,
Blinkendes Geldstück, Mond,
Aus unterbrochenem Häuserschwarz,
Im Fluge deine
Silberschatten
In die Fenster rasender Züge.

Doch plötzliche Rast
Zeigt deine sinnlose Reise.
Wie still du stehst.
Man könnte lachen.

Dann wieder neue Hast
Durch Sträucher, Bäume,
Wälder, Häuser.
Sie berührt mich in seltener Weise,
Lass ich doch diese Fahrt
Dich machen.

Moderne Mädchen

Voll loser Heimlichkeiten ist ihr Körper.
Wie ihre Schwester schon vor langer Zeit,
Trägt auch sie kein Unterkleid,
Sie hat es einfach abgelegt.
Sie hat es gern, wenn ihre runde Fülle
Sich bei jedem Schritt bewegt,
So wie sie ihre Haare
Nicht als Kunstwerk, sondern offen trägt.
Sie hat oft Stoffe angelegt,
Die sind ganz transparent.
Sie liegen an der Haut
Wie eine zweite Haut,
So eng,
Und woll'n dem fremden Auge
Alles zeigen.

Sie ist auch heute schon,
In jungen Jahren
Nicht mehr unerfahren,
Und lange vor der Reife einer Frau
Versorgt sie sich, um Liebesglück zu haben,
Mit den Mitteln, die vor Leibesfrucht bewahren.

Sie fühlt sich frei
Und lenkt sich ihr Geschick,

Und manches scheint ihr einerlei.

Ihr Glück, glaubt sie,
Ist ganz und gar in ihrer Hand.

Dem jungen Mann ist dieses Fühlen ungewohnt.
In manchem Augenblick ist er von ihr entthront,
Auch wieder schnell von ihrem Tun gebannt.
Verständnislos und oft zu viel
Verlangt sie dann
Von ihm das alte Rollenspiel,
Er darf wohl siegen,
Doch ihr Herr nicht sein.
"Du engst mich ein",
Und Kinder will sie auch von ihm nicht kriegen.
Der Mann, dem sich das Mädchen wieder
Gänzlich offenbart
Glaubt an sein Glück,
An ihre neue unerhörte Art.
Dann tritt er lautstark
Für sie ein,
Bis sie ihm schreibt
Auf einem rosa Kärtchen:
"Ich lebe jetzt viel lieber
Ganz für mich allein".

Sieh mich an

Sieh mich an und in den Spiegel
Hinter mir.
Trag ich nicht
Dein Gesicht?
Merkst du nicht, wie ich dich
Bestahl,
Deinen Augen
Meinen Blick befahl?
Merkst du nicht,
Wie meine Hand sich
Deiner Hand versah,

Und die Wärme meines Blutes
Mühsam von dir Kenntnis nahm?

Merkst du nicht, wie
Dein Gesicht aus
Meinen Augen strahlt?

Doch du bleibst stumm,
Und kann es sein,
Dass ich im Spiegel stand
Und ganz allein davor,
Dass niemand außer mir
Mich selbst erfand?

Ein kleines Kind

Über dieses Sternenband
Aus weißen runden Platten
Läuft ein Kind
Barfuß in den Garten.

Vom Hof her führt der Weg zur Tür
Im Gartenzaun,
Den ließ die Bäuerin im Herbst
Aus alten Brettern baun.

Die sonnenhellen Steine
Gab der Bauer seiner Frau.
Ein schöner Rest vom Küchenanbau
Vor drei Jahren,
Als die Familien hier
Zur Hochzeit waren.

Nun läuft das Kind
Geschwind
Zur Schaukel
Unterm Apfelbaum
Und sieht aus schwungvoller
Luftiger Höhe

Die kleine Brücke
Ganz in der Nähe.

Schon ist es wieder runter
Und über die Beete, durch den Zaun.
Die Welt ist voller Wunder,
Das Kind hat viel zu schaun.

Der Schulbus kommt vom Nachbarort.
Der Fahrer lässt die Höfe seitwärts liegen,
Er muss um enge Kurven biegen,
Setzt dann den Weg zur Brücke fort.

Das Kind erkennt nicht den Koloss,
Springt auf die glatte Straße.
Der Fahrer winkt zu einem Haus
Und kuppelt das Getriebe aus,
Den großen Gang zu nehmen.
Da sieht das Kind im Gras versteckt
Ein junges Kätzchen liegen,
Mit weißem Hals und schwarz gefleckt,
Will es es fangen, kriegen
Und läuft den Schritt
Ins Grün zurück.

Es hört auch nicht
Den satten Klang
Der Räder auf der warmen Bahn,
Von dort, wo es noch eben stand.

Nur die Bauersfrau im Hof vernimmt von Weitem
Das singende Greifen der
Zwillingsreifen.

Auf der Brücke

Auf der Brücke,
Die im Bogen
Grau die Schienen überspannt,
Steht die Frau und hält in Sorgen
Einem Kind am Zaun
Die Hand.

Unten jagen schnell
Die Züge.

Meine Durchfahrt
Gibt im Blick, mir,
Nun schon weit entfernt,
Das kleine Bild zurück.

Welcher Gott hat wohl die Frau
Dem Kind auf seiner Reise
In den Weg gestellt,
Oder gar das Kind der Frau?

Schwarz zum Punkt
Verschmelzen nun die
Beiden
Über Fernzuggleisen.

Das Urteil

Ein Richter verlangt vom Schöffen:
"Seh'n Sie sich bitte
Das gerichtsmedizinische
Gutachten an".
Auch der Angeklagte, den die Berichte betreffen,
Wirft einen Blick hinein.

So sah der Schöffe einst
An einem Bauernhaus
Ein Schlachtvieh hängen.

Doch der Kopf der Toten
Auf dem Bild liegt separat,
Auf einem anderen
Das Präparat,
Der Haut ihres Halses.

"Angeklagter, können es drei
Oder vier
Schnitte sein,
Auf der Fotografie,
Hier"!
"Einspruch, Herr Vorsitzender, das soll ...."
"Genehmigt, bitte streichen
Aus dem Protokoll".

Die Haare, welche man
Im Bett der Toten fand,
Stammten von einem Toupet,
Wie es der Angeklagte
Trug, seit eh und je.
Als letztes wurde das Blut verglichen,
Zufällig gefunden an seiner Jacke
Und ihrer Puppe.
Eine seltene Gruppe.
Achtundneunzig Prozent
Der Bevölkerung wurden gestrichen.

So nahm die Verhandlung
Ihren Lauf.
Der Angeklagte tischte
Kindische Lügen auf
Und war nur bereit,
Kleinigkeiten zu gestehen,
Nicht die Tat aber zuzugeben.

Offen blieb nur noch zu sagen,
An welchem von den drei
In Frage kommenden Tagen
War das Verbrechen geschehen.

Die Ehefrau und Zeugen
Sagten nur für die Nächte aus.
Der Gutachter sprach von
Natürlichen Zeichen,
Blaufärbung im Unterleib,
Von vielen vergleichbaren Leichen,
Totenstarre in den Beugen.

Gelassen sah das Gericht
Dem weitren Verlauf entgegen,
Hörte jedoch als Resultat:
Die Tat war geschehen am vierten Tag,
Unumstößlich nach strenger Wissenschaft.

Der Mörder traute seinen Ohren nicht.
Der Verteidiger, der die Pflicht
Übernommen hatt,
Strich seine Bögen wieder glatt.
Aus dem Stegreif kam das Plädoyer.
Für den Mordtag stünde das Alibi.

Man sah den Angeklagten später
Geld verdienen.
Im Kaufhaus vertrieb er Nähmaschinen.

Der Glasbläser

Beim Blasen
Von gläsernen Vasen
Über der weißen Lampe,
Direkt vor seinem Gesicht,
War sie ihm entstanden.

Er hatte sie erst gezeichnet,
Sie dann in der Glut
Zum Leben erweckt.

Ihre Arme konnte sie sich
In den Leib verschränken,
Und beim Betrachten
Ihrer schlanken Figur
Den Meister verachten.

Das reizte seine Kreatur.

Sie kam schon manchen
Morgen in der Früh'
Vor seinen Tisch,
Ihm zuzusehn.

Im Blick durch seine Glasgeschöpfe
Wurd sie zu seinem
Goldenen Fisch.

Er blies und schaffte
Und dachte nur,
Wie er sie in Gefangenschaft brächte.

Als er nun endlich ihr Ebenbild fand
Und sie bat, für ihn zu verweilen,
Überzog er die erste gläserne Wand,
Er musste sich in der Glut beeilen,
Voller Hinterhalt mit einem Überfang.
So wurde sie in seinen Kerker gebrannt.
Um keinen Verrat zu entdecken,
Hat er das Glas nach dem Mädchen benannt.

Das Meer

Wellenbrand.
Deine Meerschaumfächer
Spreizen über weißen Sand,
Gleiten,
Sind das Tasten einer Frauenhand.
Schneeend treibt der Wind die Flocken
Von den Brechern,

Trägt die tiefen Seufzer
Der Erleichterung nach Tränen.

Weit, aus deinem Schweigen,
Quellen Abendsonnenflammen,
Drängen
Diese Sommernacht.

Herbstanfang

So tropft noch spät im Jahr,
Nachdem der Sommer war,
Ganz leise, Blatt für Blatt,
Das Gelb herab.

Wie lieb ich diese stille Zeit.
Zu ruhen ist nun manches Herz bereit,
Zu ernten auch die Früchte weit und breit,
Das neugeborne Kind zu tragen
Und Dank zu sagen.

Ich denk auch an die weite Reise,
Als du, die Königin im fremden Frauenkreise,
Sich anmutvoll zur Erde neigtest.
Und mich nahm eine Männerhand
Als Gast des Abends an.

Doch anders als vergangne Bilder zeigen
Verkörpern mir mein Weib, mein Kind, mein Eigen,
Die Sehnsucht hier zu bleiben,
Zu lieben dieses Land
Im Herbstanfang.

Blätter am Baum

Frische Blätter haben helle Unterseiten.
Hochgestellt vom Wind
Treiben sie das Baumboot
Durch die sommerlichen Jahreszeiten.

Mag auch mancher Sturm auf ihnen reiten,
Laue Luft sie lind
Schaukeln in dem Abendrot,
Rauschen, reisen sie doch fort,
Zerren an den grünlich, schwarzen Seilen.

Nachts verschmelzen sie zu einem
Dunklen Vogel,
Dem sich hier und da
Sträubt
Das Federkleid.

Er hockt auf seinem
Einen
Schwarzen Bein.
Die Krallen greifen in die Dunkelheit.

Der frühe Morgen wandelt ihn alsbald
Zu übergroßer Betergestalt,
Verhüllt in wallendes Kleid
Aus grobem Zeug.

Der Silhouette deutet man
Die gebeugte Haltung an,
Sieht Hände, Stock und Nase.

Doch dann, schon mit dem ersten Erwachen,
Brechen ein ohne Zahlen
Die roten Strahlen
Und richten wieder auf
Ihre Sommersonnensegel.

Abschied vom Dorf Ebbs

Ab ich vom Dorf her, ganz allein,
Den steilen Weg bergauf begann,
Zerstob der erste Regentropfen
Den gelben Staub.
Unbewegt war noch das Laub.
Vom Festzelt hörte man die Hämmer klopfen,
Die Regenwand zog schnell heran.
Die Bauersfrau rief ihre Kinder heim.

Am Friedhof ging's vorbei zum Feld,
Dem schrägen Abhang, das war lange schon bestellt.
Mir fiel im Nachhinein noch auf,
Ich konnt die Kreuze nur von hinten sehn,
Sah eine junge Frau am Eingang stehn.
Mit einem Tüchlein wischt' sie den Geländerlauf.
Dann höre ich, dass aus dem Stall ein Glöckchen schellt
Und wie ein Dorfhund hinter seinem Echo bellt.

Wie abendliche Dunkelheit
Steht nun die schwere Wolke über mir.
Aus ihr bricht leis' und fällt der Regen
Aus einem übergroßen Sieb herab in dünnen Fäden
Und prasselt auf die Blätter, an die Fensterläden.
Das Flüsschen hier schwillt an im Nu,
Lässt Sand und Steine sich bewegen.
Ein umgefallner Baum liegt wie ein Tier
Mit nassem Rücken und verschränkten Beinen unterm Leib.

Dann bleibt der langgestreckte Ort
Und jeder andre Laut weit hinter mir.
Im Weg frisst sich ein Rinnsal seinen Lauf
Ich seh' den Torkelflug der kleinen Fledermaus,
'Mal unterm Baum, dann wieder dicht am Haus.
Weiter oben, noch ein Stückchen Wegs bergauf,
Steht aus Zement ein kleines Kreuz: "Verweile hier!"
Doch ich versäum' die Rast und gehe fort.

Ein Gruß

Sterne, ihr goldenen Fingerspitzen
Unzähliger unsichtbarer Hände,
Die zu uns herüberreichen.
Lehrt ihr mich bei Nacht zu sehn?

Ich nehme euren Gruß
Von fernen Welten,
Gesandt von einem,
Lange schon vor meiner Zeit.

Mein Gruß ist auch auf Reisen,
Hin zu einem, der noch nach mir kommt.
Sagt ihm, ich hätte nur versäumt
Das Grußwort zu verbreiten.
Vielleicht nimmt er dazu Gelegenheit.

Nachtzug

Grün zur Nacht verliert die Sonne ihre Kraft
Und schwarzer Schienenstrang
Trägt in der Ferne ihren Kopf.

Der Farn am Wegesrand,
Der Leiterbahn entlang,
Wird stumpf vom Abendtau.

Ein Zug steht, Rastern gleich
Und einer Kettenexplosion,
Sekundenlang im Bild.
Dann wird die Stille wieder still,
Das grün Verschwiegne
Wieder lautlos wild.

Bunt erglänzt ein ölig Fleck.
Ihm fehlen schon die violetten Ringe.

Ausgeraubt

Ausgeraubt

Brutal schlugst du
Im Überfall
Mit deinen Sorgen
Meine Namen tot.

Ich griff um deine
Weichen Hüften,
Doch als Kreisel
Drehtest du dich fort.

Auf meine Art
Wollt ich dir
Nur den Tag
Begrüßen.

Ausgeraubt
Und namenlos
Entließt du
Mich dann
In die Nacht
Des unwillkommnen Tags.

Ich hatte nicht vermocht,
Des Kreisels Peitsche
Dir so schnell zu werden.

Der goldene Schuss

An manchen Tagen war es leicht,
Ein Gott zu sein;
Er starb dann einfach.

Nur, wenn Knappheit seine Kasse überkam,
Verstieß ihn seine Ruhe.
Sie gab ihm List und die Verschlagenheit

Mit auf den Weg,
Und raffinierte Angst
Sah ihn aus seinen
Misserfolgen an.

Die Krallen seiner
Launenhaftigkeit geschärft
Und das Gehör gespitzt
Auf die Gelegenheit,
Nahm er zuerst noch Rücksicht,
Wollte sich nicht gleich
In Roheit sein Gesicht
Beiseite legen.

Doch die Krämpfe kamen und sie
Nahmen nicht nur sein
Gesicht.
Sie gaben ihm mit einem Schlag
Die Antwort.

Und er verfluchte wieder
Seine Zeit und alles,
Was ihm noch vom alten
Leben wertvoll war.

Er schrie auch Namen
Auf die Straße und
Verfluchte neu
Und sah, wie ihn der Schoß
Der Mutter jetzt gebar,
Und sah,
Schon hundertmal,
Wie unter seinen katzenhaften
Bissen, weiß der Stoff
Aus ihren vollen Brüsten quoll.
Umschlungen hielt er seine Knie
Und flüsterte und schluchzte
Im Verzagen:
Hilfe, Hilfe, Leute,
Helft mir Armem.

Einmal, nur einmal,
Wirklich nur noch einmal
Wollte er, egal woher, woran
Woraus, den weißen Teufel jagen.
Diesmal wollt er fest
Auf seinem Nacken bleiben,
Wollte ihn auf seiner
Höllenfahrt begleiten.

Schluss aus! Vorbei
Sollt alles sein,
Kein Gott wollt' er mehr werden,
Nicht mehr sterben.

Er richtete sich grade auf.

Der alte Mann kam aus dem Park.
Das bisschen Geld
Warf der ihm ohne Frage hin.
Er sah in seinem Alter gleich,
Wie schlimm es stand,
Und die Entschlossenheit.

In diesem Jahr
Erfuhr zum ersten Mal ein
Vater, wie unendlich
Krank und wie verlassen,
Wie unendlich, endlos einsam
Diese Menschen sind.

Auf einem Abort,
Seinem Kind
Die letzte Zuflucht,
Fiel zum Schluss ganz leis
Der goldene Schuss.

Die Hungernden

Störe mich nicht,
Denn dieses Gedicht
Schreib' ich für alle Kreatur,
Die vor Gottes Angesicht
Einzig und nur
Vor Hunger zusammenbricht.

Erst macht der Hunger krank und blind,
Dann tötet er Mann, Frau und Kind ohne Zahl
In unendlicher Langmut und Qual.

Ihr verstecktes Sterben
Bringen Bilder an den Tag,
Die um Gerechtigkeit werben,
Eine Gleichheit, die niemand mag.

Nur eines erkennt man dankbar an,
Uns geht es nicht so wie dem Nachbarn.
Mildtätig geben wir
Mit spitzen Fingern ab,
Besorgt, dass das wilde Tier,
Nach unseren Händen schnappt
Und bauen einen Käfigzaun
Um unsren Feigenbaum.

Ist nicht dem Hungernden
Alles zuzutraun?
Gehören nicht dem Lungernden
Füß' und Hände abgehaun?
Um ihretwillen muss ich schrein
Und um meinetwillen,
NEIN! NEIN! NEIN!
Denn jedem einzelnen, der dort noch steht,
Bitter in Scham um Almosen fleht
Und einen schrecklichen Leidensweg geht,
Dem sitzt im Nacken
Die Schuld der Satten.

Pausenlose Angst

Voll Überraschung
Sahen meine Finger
Im Begreifen.
Unbekannt war jedes der Objekte,
Die aus deiner Tasche ragten.
Du botst sie uns zum Kaufen an.

Wozu, mir schwindelte,
Begann dein Unterricht bei mir.

Ich fühlte nun verstärkt, doch
Kopflos, eine angenehme Form.
Ein glatter Stahl schien es zu
Sein, ein Messer, oder, weil
Zu lang, ein Schwert.

Du stachst zum Spaß den
Nachbarn, der dir seinen Rücken
Bot,
Tot:
"Man muss die Gegenstände
Realistisch euch beweisen,
Sonst glaubt ihr nicht die Not".

Ich kaufte dieses Ding, weil
Ich nun auch mit meinen Augen
Sah
Die Gefahr.

Ein andrer Nachbar ließ mich
Ruhig sein:
"Das Spielzeug fährt die Klinge ein,
Drück doch auf den Knopf".

Er hatte wirklich nicht die
Pausenlose Angst und Furcht
Im Kopf.

Zwei Bilder

Mein Bruder schuf als Kind
Ein Bild im Sand,
Von dunklem Braun der Gegenstand,
Und überall war'n
Ränder ohne Rand.

Es wurd' mehr ein Relief als Bild.

Von einer Puppe riss er ab
Den Kopf, die Arme, Beine,
Nahm den Bauch,
Ein wenig angehaucht,
Ihn formschön in den Sand zu drücken.
Den Kopf macht' er zur Sonne.
Die Arme drückt' er einzeln ab
Und rundherum zu Strahlen.
Die Beine ließ er laufen
Als Speichenrad,
Wie Spielzeug,
Das wir hatten.
Doch das Gesicht,
So engelsgleich und rund,
Das küsst' er einmal auf den Mund
Und drückt es sorgsam in den Sand.
Die Augen konnten deutlich sehn,
Dass Beine sich und Arme drehn.

Uns Kinder konnte dieses Spiel erfreun.

Mein Bruder schuf ein Bronzebild,
Das schmückt im Haus
Die Wand.
Von dunklem Braun ist das Metall,
Und Ränder ohne Rand
Sind überall.

Es ist mehr ein Relief als Bild
Und scheint den Krieg zu zeigen.

Zerrissen ist der Mensch,
Und losgelöst von ihm sein Eigen.
Die abgerissnen Beine laufen Rad,
Und auf zerbrochnem Gut
Hockt, wie ein abgelegter Hut,
Pausbäckig schön ein Kinderkopf,
Auch ohne Hals und Rumpf.
Die Augen blicken starr und stumpf
Doch voller Gleichmaß
Auf das Karussell aus Beinen.
Auch Arme sind gelegt
Wie Sonnenscheinen.

Das Rapsfeld

Die gelbe Flut
Verwischt den roten Streif im Auge.
Nichts steht mehr
Der Blindheit vor,
Dem Gebälk aus
Hartem Stein, der Wucherung
Aus nie gedachten Liedern.
Sollte der Verzicht uns doch
Erreichen?

Unvergessen jene Klarheit der
Gedanken, die uns trifft,
Im unverhofften Augenblick,
Im Scherbenhaufen,
Auf dem Schleudersitz.
Das Trümmerfeld war stets
Mir die Behausung.

Unerreichtes Glück
Sah aus zerbrochener
Vergangenheit hervor.
Nur eins
In dieser Zeit ertrag ich,
Nicht den Mangel oder

Den Verzicht,
Ein Rapsfeld soll die
Gelben Wogen über mir
Verschließen.

Treppen

Was sie an ihm nicht verstand,
War die Wand
Seiner Gegenwart.
Eine Kreidespur
Aus weißem Sand,
Eine Kreatur,
Die sich nicht vertreiben ließ.
So sehr getrennt von ihrer Welt
Durch ihn
Sah sie vom untersten Treppenabsatz
Zu ihm hin.
Er stand oben.

Was er an ihr nicht verstand,
War die Wand ihrer Gegenwart.
Wenn im Rauschen von Seide und Taft
Sie an ihm vorüber trieb,
Die Säume aus Angst
Vor Verschmutzung gerafft,
Und ängstlich jede Berührung vermied.
So sehr getrennt von seiner Welt
Durch sie,
Sah er vom untersten Treppenabsatz
Zu ihr hin.
Sie stand oben.

Er hatte sich oft danach gesehnt
Oben zu stehn.
Sein Treppenabsatz roch zu sehr nach Almosen geben.
Auch würde er sie dann bitten,
Damit sie mehr Gemeinsames hätten,
Mit ihm den oberen Platz zu teilen,

Solange sie mochte, zu verweilen.

Sie hatte sich oft danach gesehnt
Ihn nicht mehr oben stehen zu sehn.
Sein Platz
Wurd' zu sehr von ihm selbst begafft.
Sie würde ihn zu gerne bitten,
Damit sie mehr Gemeinsames hätten,
Mit ihr den unteren Platz zu teilen,
Solange er mochte, zu verweilen.
In einer Art modernem Verfahren
Waren die Stufen dieser Treppe
Lange schon abgetragen.

Dein Nest in meinem Herzen

Hoch im Geäst
Deiner Gedanken
Erkenn ich klein
Ein Nest,
Und hurtig fliegen
Die Worte aus und ein.

Ihr Kommen und Gehen
Ist nicht zu verstehen.

Vom Boden picken sie
Brosame auf
Und trauen keinem
Geräusch.

Unbekannt sind uns sonst,
Und wenig vertraut,
Ihre Horte.

Am schnellen Flügelschlag,
Am bunten Federkleid,
Und häufiger noch
Entdecken wir ihr Leben,

Wenn sie es geben.

Umschlungen hält ganz
Fest im Arm die Frau
Das Kind:
"Verloren, wie wir alle sind,
Sollst du nicht sein.
Flieg, mein kleines Herz,
Flieg fort,
Dass fern dein Nest
In meinem Herzen sei."

Goldenes Visier

Mir
Verklebtest du die Augen
Schnell mit Goldpapier.
Doch du vergaßt es ganz,
Ich war ein Greis zuvor.

Nur zitternd
Und im Mut des Hungers nahm ich an
Und wagte von der übervollen Tafel
Meine Speisung.

Man war geneigt zu helfen,
Man hatte auch gezeigt
Den Überfluss, weil man's verstand
Zu wählen.

Huldigungen hier und dort.
Ein Wort
Verlor ich vor dem ersten Bissen:
"Danke", kam mir in den Sinn.
Auch fielen mir die Gäste,
Die ihr gestern hattet, wieder ein:
Du tratest, meinte ich,
Als Bettler vor sie hin.
Fast ließest du

Sie dich beschenken.

Ganz anders heute diese Flut.
Du zeigtest keinerlei Bedenken,
Dich den Armen gestern arm
Und nun den Reichen reich zu schenken.

Das Goldpapier auf meinen Augen
Sollte wenig taugen.
Es verschwand
Beim ersten Weinen.
Und durch die Tränen schien es mir,
Als trügen deine Gäste gestern,
Heute hier und ihr,
Das goldene Visier.

Ahnungslos

Kraftvoll trug dich ganz allein,
Im breit gespreizten Federkleid,
Der Aufwind in die Wipfel.

Weit, weit unter dir
Sahst du das Kriegervolk,
Ein Spielzeug, dessen Mechanismus
Du nicht kanntest.
Doch alle Augen folgten deinem Flug.

Dein kleiner Schatten huschte,
Schnell den steilen Felsen
Immerzu entrissen,
Näher auf dich zu.
Nur ein Getreuer noch
Nahm dankbar die Sekunde
Deiner Dunkelheit als
Sonnenschutz vor Blendung wahr.

Allen andern schienst du
Schattenlos.

Die Ruhe dieser Menschen
Tat dir wohl,
Auch stauntest du
Ein wenig über die
Entfernung.

Das blinkend Ding,
Das sich dann plötzlich aus der Menge löste,
Dich ereilte,
Hieltst du für Begeisterung,
Als rot das Blut schon
Deine Federn teilte.

Nur milde Seelen standen
Später an dem Grab herum,
Wie immer, wenn sich ahnungslos
Ein Kopf vom Rumpf
Entfernte.

Fährschiff

Im letzten Rauhreif dieses
Frühjahrs
Fuhr dein Fährschiff
Nach so langer Fahrt
In Offenheit vom
Freien Meer
Ins Klemmbett
Eines kleinen Hafens
Ein.

Kein Fährmann kam,
Um dir die Taue
Abzunehmen.
Ächzend stöhnten,
Ungewohnt der neuen
Last, die Teer geschwärzten
Dalben.

Viele Blicke huschten
Aus den nahen Fensterscheiben
Auf den Pier,
Die Gäste deiner Reise
Zu erwarten.

Doch kam kein Bootsmann
Und es kam
Kein Passagier.

Dein Fährschiff saß so
Fest im Holz,
Ein längst verlassner
Adlerhorst im
Hohen Baumgeäst.

Und manche Rostspur
Tropfte braun ins Wasser.

Die stumme Suche,
Tagelang an Bord und
Auf den Planken,
Blieb, bis ich begriff,
Erfolglos.
Dann band ich an an dich
Mein eignes Schiff,
Das schaukelte und klein,
Mir mehr zur Rettung diente.

Kaum angetaut,
Nahmst du ganz ruhig,
Rücksichtsvoll,
Die Fahrt ins offene Meer,
Mit mir im Schlepp, von
Neuem auf.

Die rote Flut

Im Flug,
Vorbei an deinen
Fensterscheiben,
Übergoss die rote Flut
Der Abendsonne,
Dort, aus den Spiegeln,
Uns, die draußen weilten.

Die ganze gläserne Front
Zerbrach ein Rubin.
Und tausend Sonnen zogen im
Augenblick, als wir vorüberflogen,
Mit uns dahin.

Erst als wir größere
Höhen erreichten,
Erfuhren wir von der
Last, die du im
Vorbeiflug uns aufgebürdet
Hattest.

Wir sollten der Sonne
Von ihrem verlorenen Blut
Das, was im kalten Glas
So sinnlos
Zerbrochen war,
Zurück erstatten.

Atemlos

Im Augenblick,
Ich sah nur kurz zurück,
Bemerkte ich den Fall.
Dein Stürzen ließ mir
Keine Wahl,
Ich griff nach deinem Leib
Und riss mit einem Gegenstand

Dein Herz dir auf.

Du sagtest auch,
Es sei dir neu,
In fester Hand zu sein,
Ein Opfer, klein wie dieses,
Wäre die Begegnung wert.

Für mich warst du im Fallen
Viel zu schwer.
Dein Halt an meinem Halten
Traf mich mehr,
Als die Verletzung,
Die ich dir doch
Unabsichtlich beigebracht.

Du wurdst zum schweren Stein
An meinem Hals,
Dein Puls bedrängte mich
Mit Schlägen.
In meiner Not sah ich umher
Nach meinem Weg, den ich gegangen
Wär, und ließ es zu,
Dass mich Geröll, das
In die Tiefe stieß,
Aus deinen Armen riss.

In einem Wartesaal
War alles still.
Von Zeit zu Zeit umblätterte
Nur ein Gesicht.
Die blanken, schwarzen Schuh
An meinen Füßen
Spiegelten die Zimmerlampen.

Das linke Bein lag übers rechte
Knie geschlagen, und
Der Reflex der Lampen,
Von dem Schuhwerk
In den Schlägen meines Pulses

Auf und ab getragen,
Zeigte mir, wie atemlos
Das Blut durch meinen Körper Schoss.

Endlich

Schon lange fehlte dir
An deiner Luft
Die Luft zum Atmen.

Mit einem unbeschriebnen
Blatt Papier
Verdecktest du die
Vorgedruckten Zeilen,
Und die Fingerkuppen
Spürten im Betasten
Endlich bodenlose Reinheit.

Dein Seufzer kam
Und maß den Atem neu.

Endlich.

Die Augen machtest
Du dir zu, um
Zu genießen.

Ein Funken Ausgelassenheit
Und Freude überkam dein Herz.
Was du nicht merktest, war,
Dass Druckerschwärze deiner Hände
Beim Bestreichen jener Fläche
Schattenhaft und Wort
Für Wort und Satz für Satz
Den Druck neu auf die
Seite warf.

Wohin

Es waren Körner in der Wüste, Staub,
Den rieb der Wind, den trieb der Wind.
Laub war es,
Wie es der Wind
Aus andren Ländern kannte.

Es waren Zeiten in der Welt,
Zu gleicher Zeit.
Die fanden sich,
Benannten sich.
Jahreszeiten waren es,
Die sich von Zeit zu Zeit
Erkannten.

Es kamen Worte aus dem Mund,
Luft,
Die rieb der Wind, die trieb der Wind.
Schall war es, wie ihn der Wind ganz ähnlich
Dünnen Halmen abverlangte.

Tapferkeiten

Aus deiner flachen Schale,
Übervoll mit Tapferkeiten,
Sah selbst ich Besonderheiten ragen.
Du ließt sie dem Ruf nach Mut
Zur Tat in unsren Tagen
Vor die Füße tragen.

Neu erwuchs dir Tapferkeit
In Tapferkeit und gab dem
Ruf im Ruf nach Mut im Mut
Die längst verdiente Mahlzeit,
Daran zu ersticken.

Der Dieb des Pfeils

Ich übertreib
Und schreite an der Grenze
Meiner Tage.

Das Hohelied von gestern,
Das ich unvermittelt in
Der Zeitung las,
Berührte meine Spannung
Nicht.

Meine Frage trug ich
Auf als Pfeil dem Bogen
Und schoss ihn sportlich ab.
Doch außer mir war
Niemand auf das Übungsfeld gezogen.
Keiner las die Punkte auf der Scheibe.
Ich wollt doch nicht die
Kraft der Muskeln
An dem Bogen messen
Und ließ es sein.

Da brach vom Nachbarfeld
Die Jagd nach einem Dieb
Mir in die Arme.
Man trug hoch in der Hand
Den Pfeil und stach ihn vor
Mir in die Erde:
Der, der den Bogen trägt,
Ist auch der Dieb
Des Pfeils, und band
Mir beide Hände.

Im Unverstand
Wurd mir das Hohelied
Gesungen,
Und meine Spannung
Gab mir freie Hand.

Spiralnebel

Im Kern begann die Rotation und schon
Die Angst um den Zusammenhang.
Bang griff eine Hand
Der andren in die Räder.
Doch durch den Mangel an Gewicht
Verlor'n sich Angst um Angst
Schnell aus dem Gesicht.

Man dachte ans Nachher
Und hörte bald, dass sich weit
Draußen, wo sich
Kollisionen zugetragen,
Unbekannte in den Armen
Lagen und in der Dunkelheit
Nach Licht verlangten.
Auf ihrer Reise bis hierher
Trug sie das schwarze
Flammenmeer der
Unterdrückten.

Weiter noch als alle andren
Waren, traf man auf die
Schnell bewegten Schwaden
Hoher Funktionäre.
Sie befahlen nicht nach
Innen, hin zum Kern,
Nein nach außen.
Dadurch erst wurd dieser
Sternenhaufen
Für die vielen weit Entfernten
Sichtbar.

Morgenröte schien es noch
Dem nächsten Rang,
Der sich gelassen in der
Obrigkeit befand.

Die Reihen wurden lichter,
Und um den Zusammenhang
Wurd hier, bei der
Entfernung zwischen den
Sultanen, keinem bang.
Verschwiegen sprang ein
Wassertropfen in die Schale.
Das Echo klang im weiten Saal und
Wurde zum Geräusch,
Das man erst feierte und zelebrierte,
Später dann zu Grabe trug.

Der Tag war ausgefüllt und
Hatte sich gelohnt.
Die Rotation war diesen
Lange zur Routine und
Zum guten Ton geworden.

Eines war jedoch,
Und niemand konnte
Diese Kleinigkeit begreifen.

Von Zeit zu Zeit begab
Sich jemand von den Äußersten
Auf Reisen.
Kurze Zeit nach jedem Start
Verriet nur eine Lichtspur
Noch die Richtung,
Wie man sagt, ein Funke
Sprüht aus glühend Eisen.

Der Wissenschaft befahlen sie
Eine Lösungstheorie.
Man gab ins geheim die
Idee vom Spiralnebel an,
Und alle erkannten in den
Verbannten ihre
Abgesandten.

Das Versteckte im Geheimnis

Ich hatte einst versucht,
Mir dein Geheimnis zu entdecken
Und kam vorbei an deinem Haus,
Zugemauert, tür- und fensterlos.

Ein Schuppen lag davor und
War mir das Versteck.

Du wusstest nicht,
Ich selbst war auf der Flucht.

Man sagte mir,
Die im Geheimnis bleiben,
Würden schweigen,
Aber oft vernahm ich Singen
In dem Haus erklingen.

Zeugen, die ich mit
Mir nahm, erklärten mir,
Es wäre nichts, es wären nur
Der Wind und Balkenknarren.
Auch käme keiner 'rein und 'raus.

Mir war die Flucht von Fremden
Aufgetragen,
Und das Versteckte im Geheimnis
Zu erfragen,
Sei der Grund.
Da nahm ich meine Wohnung
In der Gartenlaube.

Noch in der nächsten Nacht
Begann das schnelle Wachsen
Meiner Insel aus dem Meer.
Ringsumher kam täglich Kahn
Um Kahn entlang gefahren, und
Auch dein Haus schwamm
Als ein Boot daher.

In nichts nahm es sich
Von den andern aus.
Ich fuhr zu dir.

Es war tatsächlich leer und auch
Beim Näherkommen niemand zu erkennen.
Wenn Winde aber um
Die Seile gingen, hörte man das leise Singen.

Auf meinem Boot sah es ganz ähnlich aus,
Und keine Menschen waren
Anzutreffen.

Wem sollte nun mein Wissen ums Versteckte
Im Geheimnis weiterhelfen.
Es war zwar nichts
Und wurde nichts
Und doch wurd' ich vom Nichts,
Wie viele neben mir,
Getragen.

Nur im Verzehr

Auf meinem Speiseplan
Fand ich ein wenig
Deiner Gegenwart.

Das Lied, das du grad sangst,
War Würze meiner Mahlzeit,
Die mir nicht, wie sonst,
Nur der Verdauung diente,
Sondern dir:
Du wolltest doch, dass ich
Dich aufnahm.

Du kamst in der Eskorte.
Sie galt dir.
Du fristetest dein Dasein
Schutzlos in der Wolke

Eskortierter, der du
Ihr Gefangner warst.
Nur im Verzehr, so mahntest du,
Gelänge dir die Freiheit,
Die du meintest.

Die dünne Decke Gräser

Du liefst,
Als sei es heut' das erste Mal,
Dass deine Kinderfüße
Dich zum Ufer tragen.

Der Fluss schnitt in Geduld
Wie immer diese Wiese ein.

Mit deinen über vierzig Jahren
Konntest du den Weg dorthin durch Sumpf
Wohl nicht mehr wagen.
Doch dir im Blick war nur der
Kleine Landvorsprung,
In dessen Wasserschnellen
Sich die Forellen stellen.

Entfernt vom Strand
Erhaschtest du den Baum,
An welchen, angelehnt,
Sich Kindertraum mit
Kindheitsträumen eng vermengte.

Im Weitertasten brachst du ein ins Moor.
Die dünne Decke Gräser
Konnte dich nicht tragen.

Ein Schuh blieb in der Tiefe.
Du zweifeltest, ob deine Sehnsucht
Wirklich dieser kleinen Küste galt.
Nein, hier machtest du nicht
Halt.

Noch einmal wehte
Dir das Haar im hinderlichen Laufen
Unbefangen um die Stirn.
Dann stecktest du mit
Beiden Beinen in den
Schlaufen freier Wurzeln.

Du konntest dich auch diesmal
In dem Bruchteil einer Panik
Aus dem Band befrein.
Nur wenig später lagst du in
Den Armen langen Rohrs.
Das sprach dir in dein Ohr
Auf feuchtem Moos und
In dein Schluchzen:
"Auch wir sind aus dem Fluss
Und mussten lange warten
Auf den Trost".

Den klaren Bach
Unsichtbar hinter Sträuchern,
Dir vor Augen, gabst du nach,
Auch insgeheim, weil dir die Angst
Vor dem Zurück
Nun plötzlich deine Kehle drückte.
Doch aus den Augen brach
Unmäßig Zorn.

Ihre Brüchigkeit

In deiner Überbrückung war Geländer dir das
Fenster und die Durchfahrt, Band nach draußen.

Es stand ein Schild, das die
Station auf Brücken untersagte.
Nur der Notfall brachte dir Besuch.
Lange kämpftest du mit dir,
Passage gänzlich zu verweigern,

Um Blockade gingen die Gedanken.

Die Termine unbekannter Obrigkeit zur Inspektion
Nahmst du begierig wahr.

Doch der Aufschub, den sie brachten,
War kein Trost, auch wusstest du,
Wenn man die Überbrückung schloss,
Blieb dir nur Ihre Brüchigkeit
Noch zu bewachen.

Nur unfreiwillig

Nur unfreiwillig
Geht das Kind zu den
Erwachsenen, die ihm
Von Herzen
Wohlgesonnen sind.

Die Mutter, selbst ein Kind,
Begreift die Qual.
Gemeinsam tasten sie sich
Durch die Zeit der Großen.

Dem Kind ist noch versperrt die
Tür zu einer andren Welt,
Und schützend hat die Mutter
Sich davor gestellt, sie
Spricht für beide.

Ein Vater sieht das Zerren,
Kind am Kind der Narren,
Wachsoldaten an dem Zelt.

Nur unfreiwillig geht das Kind zu den
Erwachsenen, die ihm von Herzen
Wohlgesonnen sind.

Enges Wurzelwerk

Du wähntest dich allein
Und konntest nicht verhindern,
Dass ich doch mit Haut und
Haar und in Gedanken
Ganz und gar in deinem Zimmer war.

Terror und Gewalt,
Ein Anschlag, der den
Kindern Leben raubte,
Nichts verschonte und
Sich frech im Überdruss bekannte,
Zog im schnellen Wachsen
Enges Wurzelwerk.

Du wusstest nichts von alledem,
Und ich vergaß, was ich gesehn.
Die Lässigkeit, mit
Der du deinen Körper pflegtest,
Deine Schönheit, deine Artigkeit,
Die Liebe zu dem Ungeschützten,
Das du hegtest ohne großen
Unterschied, angesiedelt in
Den Wänden deiner Stube,
Gab mir zu vergessen Kraft.

Du wähntest dich allein
Mit dir und hieltst mich an der Hand.
Du machtest wenig Unterschied
Zu mir und anderen,
Und dein Bekennen in dem Überfluss
Der Freiheit, die dich ganz umgab,
Zog im schnellen Wachsen
Enges Wurzelwerk.

In dichten Maschen schlang einst
Untertage
Draht um Draht ein Netz.

Unter hellem Fischleib

In der Tunneldurchfahrt,
Monoton beleuchtet nur von Deckenstrahlern,
Tausend Silberfischen in
Den vollen Netzen hoch am Haken,
Bleicht dein Antlitz neben mir
Mit jedem Licht hell auf
Und stirbt sofort darauf,
Bis es in zusätzlicher Nacht,
Beim Ausfall einer Lampe,
Unbewacht entkommt.

Ich greif in Hast nach dir
Und denk an deine schwarzen Haare,
Die dich günstig tarnen.
Auf dem Sitz erfasse ich
Ein abgeriss'nes Stück Papier.
Sonst ist er leer.

In meiner Tunneldurchfahrt,
Die bei hellem Licht begann,
Fall ich am Ende über deine Locken
In die Finsternis.

Die Fahrt jedoch wird
Lang noch nicht vollbracht.

Beim nächsten Mondlicht
Werd ich Ausschau halten,
Und die schwarz gelockte Dunkelheit
Wird wohl noch einmal unter hellem Fischleib
Dich gestalten.

Damdadadam

Damdadadam, damdadadam.
Als König musst du stets verkleidet gehn.
Als König darfst du nie Minister sehn.
Damdadadam, damdadadam.
Es könnte dir sonst ein Leid gescheh'n.

Damdadadam, damdadadam.
Als Bettler darfst du nicht ehrlich sein.
Als Bettler lebst du von Lumperein.
Damdadadam, damdadadam.
Man könnte dich sonst wegen Betrugs erschlag'n.

Damdadadam, damdadadam.
Als Arzt hast du niemals die Wahrheit zu sagen.
Als Arzt hast du selber die Krankheit zu haben.
Damdadadam, damdadadam.
Man würde dich sonst zu den Kranken tragen.

Damdadadam, damdadadam.
Mein Lied darf ich nur für mich singen, ganz leise.
Mein Lied darf mir gar nichts einbringen, wie weise.
Damdadadam, damdadadam.
Sonst würd' es für mich eine höllische Speise.
Damdadadam, damdadadam.

Unerklärlich Frieren

Damit du nicht im tiefen Wasser fremder
Fragen stecken bliebst,
Entsandte ich den Schuster.

Aus der Haut des Lachses schnitt er deinem Fuße
Schutz, und perlend glitten alle Tropfen ab.

Das neue Schuhwerk war geeignet, Moor und Sümpfe
Zu durchqueren und
Den Fersen Angriff abzuwehren.

Wohl wurd dir und warm,
Und beinah zeigtest du
Schon Interesse, Sympathie,
Mit denen, die dich so erfolglos jagten.

Einmal, als du ohne Haut den Lachs im
Schnellen Wasser sahst,
Ergriff dich doch ein
Unerklärlich' Frieren.

Der Vorhang

Der Vorhang, der die Stube
Dir vom Schreibtisch
Trennte, war aus harten
Balken.
Teergetränkte Schwellen
Unbefahrner Gleise hingen
Dort in Stäben tief herab,

Ein Xylophon, kaum zu bewegen,
Das im steten Windzug schwang,
Und ganz verhalten
Rollte dumpf ein Klang
Bei dem Zusammenstoß der Hölzer.

Dein Stuhl war leer.

Und dennoch warntest du
Mich vorm Betreten:
Der Abendzug würd gleich
Vorüber fahrn.
Hier, vor deinem Leben
Gäb' es leider
Keine Schranken.

Von ferne kam ein Nachtzug an.
Es schien, als machte er Station

Bei dir, doch dann nahm er
Mit ganzer Kraft die Reise auf,
Und aus dem Führerhaus
Sah ich dich zu mir winken.

Nackte Nerven

Das Auf und Ab der dünnen Schnüre
Unsichtbarer Telegraphen,
Dir als Kopfschmuck
In dem Fensterrahmen
Deines Reisezuges,
Voller Ungeduld
In wechselvoller Schwingung
Angetragen,
Knüpft kein Netz, das dich behielte.

Weiß ich doch, du würdest sagen,
Dass der Anfang jenes Fadens
Nicht in deinen Händen läge,
Würdest auch woanders
Stören, griffest du
Hier ein.

Ich sage dir, durch diese Drähte sehen
Fremde, was sie nie gehört,
Und ihnen dient
Das Garn.

Dir gereichen sie nur in bewegtem
Spiel zur Zier.

Hilflos lässt du sie vorüberziehen,
Nackte Nerven anderer,
Und fürchtest
Jene Zuckung, wie elektrisiert,
Bei dem Berühren.

Höchste Sorgfalt

Aus aufgerissenem Kaninchenleib
Fraß zerrend eine Krähe.

Der Sturm zerfledderte
Ihr schwarzes Kleid und
Sträubte, Schirm im Schirm, die
Federn über das Gedärm.

Im Krieg des Kriegs,
Der unter den Giganten
In der Planung
Sich befand, beteuerten
Die Gegenseiten schriftlich
Die Notwendigkeit;
Im Kampf, der zwischen
Krähe und Kaninchen stand,
Bereitschaft zur Verteidigung
In der Verteidigung
Des Gleichgewichts zu halten.

Auch sagte man, es zähle ein
Kaninchenleib nicht mehr
Als der Kadaver einer Krähe.

Höchste Sorgfalt im Vergleichen
Der Vergleiche
Galt es zu erreichen.

Knietief

Oft standst du Tag und Nacht in Sattheit.
Knietief schlug dir die Völlerei
Entgegen.

An deinem Ohr versprach man sich
Doch nicht zu viel von dem Zuviel zu reden,
Zu oft geschah es, dass

Ein Fremder kam und nahm.

Dir war das Nötigste davon
Genug. Du sahst auch ein,
Du konntest nicht entweichen,
Ohne ohne Hab und Gut zu sein.

Scham stieg langsam in dir auf,
Suchte dich zu nehmen mit Gewalt.

Ein Mädchen trug ganz unbeschwert
Kastanienbraun die schönen Locken
Schulterlang im Kreis der Damen, die
Mit List versuchten, dieses Kind
An dunkle Wand zu locken.
Sah man dort doch kaum noch etwas
Von dem Braun.

Lange vor der Flut

Dein Arm umschlang in Angst um den Besitz
Die Niederschrift der Güter.
Draußen vor dem Tor ließt
Du die Kontrolleure deiner
Eigenmächtigkeiten warten.

Punkt für Punkt nahmst du,
Ein Raubtier, jenen Hütern ihre Beute,
Brachtest Reichtum aufs Papier.
Von ihnen traute keiner sich zu dir,
Und du tatst gut, die Meute nicht zu rufen.
Auch fehlten dir Vertraute, klagtest du.

Es ging ein Habenichts am Strand.
Im Spiel mit Muscheln, Steinen,
Sand und Wasser aus dem Meer,
Schuf er im Handumdreh'n
Ein Wunderland.

Es wurd sein Werk von einer viel zu frühen Welle
Eines Schiffes, das vorüber kam,
Noch lange vor der Flut,
Die sonst die Sandgebilde nahm,
Zerstört.

Durchlass

Du, Königin,
Du, goldner Reif,
Du, handgeschliffnes
Herz aus Glas,
Sieh dich um
Im Kreis der
Ungeschliffnen,
Ungefassten.

Unser Haus im Haus der Häuser,
Unser Dach im Dach der Dächer,
Und die Tür, ja,
Unsre Tür, die findest du
Nur in der Tür der Türen.

Siebenfach verriegelt
War das Schloss,
Und als der Schlüssel
Dir abhandenkam,
Bemühtest du ein Heer
Der Wissenschaft, den
Durchlass wieder herzustellen.

Anders war der Schoß
Der Jungvermählten.
Er barg ihr nach erstem Einbruch alles:
Königin und goldnen Reif,
Hangeschliffnes Herz
Aus Glas, das Ungeschliffne
Und das Ungefasste,
Haus und Dach und Tür

Und siebenfach
Verriegelt Schloss
Und hatte doch den
Durchlass grad
Und schlüssellos
Geschaffen.

Das Weiß in deinen Augen

Nach frischem Töten

Ich musste schmecken den Geschmack,
Wie man ihn hat
Nach frischem Töten.

Das Gegenüber hingestreckt,
Die Sitze, Polster, Autotüren
Blutbefleckt,
Der Kopf, durch die Verbundglasscheibe
Abgetrennt vom Rumpf,
Liegt weit entfernt.
Man konnte ihn so schnell
Nicht finden.

jetzt lernte ich den Abscheu überwinden
Vor der toten Kreatur.

Nacktheit

Abendsonne lässt ihr Blut
Müde in die Gärten fallen,
Wo der Sommer war.
Feuchte, zähe Nebelbrut
Kämmt mit unsichtbaren Krallen
Rotes Blätterhaar,
Hebt sich, plötzlich reißt das Tuch,
Zeigt die Blöße dunkler Äste,
Pfähle tief im Leib.

Schrecklich ist der Nacktheit Fluch.
Feier kalte Wahrheitsfeste
Nur in Einsamkeit.

Das Weiß in deinen Augen

Ich kam zu dir
Ans Krankenlager.
Du, ein alter Mann,
Dem einst Verführer
Haut vom Leib getrennt
Und Knochen deines
Widerstands gebrochen,
Von dir war nur das
Weiß der Augen noch
Geblieben.

Die Zeit, aus der du uns
Berichtetest, ließ nicht die
Zeit zum Überleben.
Du selbst warst mitten drin
Im schlappen Krieg um
Niedertracht gewesen,
Im Kampf um Krumen,
Ums Verschenken
Sanfter Worte an die Jugend.

Stark war damals noch
Das Weiß in deinen Augen,
Und manchem, der dort starb,
Ward es zum
Hellen Totenlaken.

Auch lange noch danach,
Als deinen neuen Herren,
Die mit dir den Chor der ungehörten
Rufer einst so qualvoll stellten,
Deine Schreie wieder
In den Ohren gellten,
Blitzte dieses Weiß
Aus wiederum verbotnen
Kellerritzen.

Bis zuletzt bliebst du
Vor deinen Augen
Unbestritten König,
Und wusstest auch,
Ein Ungerufner würd es
Noch 'mal sein,
Der von dem weißen Porzellan
Den Glanz dir raubte.

Dürre

Dürre kreidet durch das Land.
Weißer Staub
Bricht in Adern deine Hand,
Irden Laub.

Fieberwinde flimmern grell,
Schattenglanz.
Sonnenspiele heiß und hell,
Totentanz.

Verderbnis

Der Staub vergangener Beklemmnis,
Ein pelzig Überzug auf meiner Haut.
Stockig der Geschmack im Mund.
Mit großer Geste tu ich so,
Als wäre nichts.

Wie die Verderbnis lebt!
Ein madig Loch im Fleisch.
Jeder hütet sein Geheimnis,
Legt Tücher, Geld und Lügen drauf.

Haarig auch die Worte.
Heiß der Kuss im Schoß der Frau,
Und fern, so fern die
Welten heiler Tempel,
Geschützt vom Ohrwurm
Monotoner Litanei.

Tumor

Am Kindergrabe steh'n
Verzweifelt Elternpaar
Und jene kleine Schar von
Freunden, Anverwandten.
Sie alle hatten großes Leid
Mit angesehn.
Selbst für die Mutter war
Die Zeit der Tränen schon vorbei,
Und nur dem Vater brach
Im Aufbegehren noch der
Blick um das versagte Wunder
Aus den Augen.

Aus heiterm Himmel
War das Kind im fünften
Lebensjahr von Übelkeit,
Erbrechen, Schwäche angetan.

Die Diagnose, für das Kind
Mit tausend Ängsten vor den
Drähten, Lampen, weißen Kitteln,
Sonden, dunklen Räumen festgestellt,
Von einer Schwester nahm es noch ein
Rotes Kabel mit,
War ein Tumor im Kopf, inoperabel.

Die Frist war abzusehn
Und eine Hölle jeder Tag und jede Nacht.
Das wilde Wachstum nagte
Lautlos an dem Lebensfaden.

Zu den Gebrechen kam nur eine
Fieberhafte Lust,
Der Durst, so sehr.
Doch Schlucken fiel dem Menschenkind
So schwer, dass es dann endlich
Nur im Anblick
Vieler bunter Becher, Flaschen,
Rund ums Krankenbett verstreut,
Seine Phantasie ertränkte.

Mit sechzehn Pfund Gewicht
Und nach zwölf Wochen Qual
Entschlief das Kind.

Die Augen standen
Weit geöffnet im Gesicht
Und sahen jedes, wie verdreht,
Ganz kurios, doch ohne Glanz,
Den Vater und zugleich
Die Mutter an.

Trauer um ein Kind

Mein Gott'
Wie hab' ich an dem Kind gehangen,
An ihm, das keiner recht gewollt.
Fast hätt' ich mich an mir vergangen
Bei seinem Tod.

Mein Gott,
Wie still ist nun das Haus im Haus.
Aus jedem Winkel hör ich noch sein Lachen.
Wer löschte dieses Licht im Lichte aus,
Und seine hellen Schatten.

Mein Gott,
So schnell floss mir die Seele leer,
So schnell ward mir das Herz zerrissen.
Der falsche Schritt war doch viel mehr,
Als Unfallärzte ahnen ließen.

Mein Gott,
Es sind schon Wochen her.
Ich wag mich nicht zum Kindergrabe.
Verzeih mir meine Gegenwehr,
Des Nachts den Schweiß,
Die Furcht am Tage.

Vom Krebs in dir

Vor deiner Wohnungstür,
Gleich rechts vom Eingang,
Bautest du den Unterstand.

Hier erlaubtest du zu warten.

Viele, die dir zu Gesichte
Kamen, kanntest du,
Doch erst an dem Gesicht
Erkanntest du die Vielen.

Mit Namen nanntest du
Gar keinen.
Fremde wurden nicht von dir
Gefragt.
Nur, die schönen Wächterinnen
Kümmerten sich ums
Befinden.

Wer dort im Unterstand die Wohnung nahm,
Besorgte links den Weg.
Er blieb dir als Passage.

Viel Geduld verlangtest du
Von deinen Bettlern.
Ohne Habe, ohne Gut,
Und nur bepackt mit
Schwerer Last, trafen sie
Dort ein.
Du ließest sie gewähren.

Ihre Bündel, die sie häufig
Dir beließen, hieltst du fest
In dem Bericht.
Selten auch sahst du im
Päckchen Spielzeug, lächeltest
Ob der Einfalt,
Oft im Spielzeug deiner Gäste wieder
Giftig jenen Todesboten,
Dir zur Last.

In deiner Ohnmacht, nur
Als Schreiber eines Protokolls
Zu dienen, warst du
Manchmal froh,
Vom Krebs in dir
Zu wissen.

Im viel zu engen Kleid

Es kommt die Zeit,
Da wünsch ich mir den Tod.
Ein Kleid, das nicht mehr
Viel zu eng, wie all die tausend andern
Waren, bringt mir Wohligkeit
Und Wärme.
Wenn nur das Wort Abschied
Nicht wäre.
Niemals werd ich es versteh'n,
Noch im Davongehn werd
Ich nach Erklärung suchen.
Mir, ausgerechnet mir,
Soll das gescheh'n.

Von jedem, glaub ich,
Könnte ich mich trennen,
Nur von dir
Fiel mir
Das Abschiednehmen
Unsagbar schwer.

Versprich, dass du nie vor
Mir gehst.
Ich müsst dir sonst ja
Meinen Unverstand
Erklären und stürb meinen Tod schon
Vor der Zeit im viel zu
Engen Kleid.

Die Lüge

Deine Worte sind ein schillerndes Band,
Eine Regenwand,
Auf welche Sonne fällt.

Deine Worte sind wie jene rnitfahrende Perlenwand,
Jenes Wasser zerstäubt zum gläsernen Fächer,

Den, hochgedrückt vom nassen Straßenrand,
Ein schwarzer Autoreifen in den Händen hält.

Deine Worte sind dein Kleid,
Doch deine Worte erwecken auch Neid
Auf deinen weißen Körper.
Trotzdem legen andere vor dir die Lumpen ab,
Verdecken die Blößen mit schmutzigen Händen.

Einst gab dir ähnliche Nacktheit zu denken,
Als die Wahrheit noch neben dir stand.

Die eigenen Worte

Die eigenen Worte sind eine Wahrheit
Und der Verdacht,
Die üble Kreatur in dir zu füttern.

Die Lüge ist der Hunger,
Die den Wolf in dir nicht stillt,
Sie quält und nagt an deinem Kleid
Und wagt sich nicht hervor.

Du, der Tor, weißt nicht
Mehr, was du sprichst.
Du hörst dir zu, einem Fremden:
So redet also einer,
Der so denkt wie ich.
Ich fürchte mich.

Karfreitag

Karfreitag

Du sprachst zu mir,
Du hättest Tote mehr gesehn,
Als Leichen je da waren.

Ich sage dir, wahr,
Wahr redest du,
Denn jede Zeitung schreibt
Und hunderttausend Mal wird es erfahren,
Dass die Toten lebend
Noch geboren haben wieder ihren Tod.

Sie starben ihren Tod im Voraus viele Mal.

Ich selbst, glaub mir,
Starb einen fremden Tod.
Mich selbst, glaub mir,
Hat Tod im Tod getragen.

Die Leichen, die du sichtbar
Fandst, ja, es ist schlimm,
Die waren nur noch Todeszeichen.
Tot auch der, der sie als Tote nimmt.

Ein Schrei

Aus tiefer Not
Ein Schrei zum Himmel
Trifft auf über tausend Satelliten!

Die haben den Verdacht gebracht,
Dass eventuell fremde Wesen ...
Aber Konkretes
Ist dort nicht gewesen.

Weihnachtszeit

Ich habe ein blaues Eiskristall
Gesehn.
Im grellen Sonnenstrahl,
Es war ein wirbelnder Splitter aus Stahl,
Brach es der Frost
Von dem Zweig.
Schön
War sein funkelnder Flug
Auf die Erde.
Es ist Weihnachtszeit.

Im nächtlichen Wald
Aus weißem Licht, so kalt,
Gibt ein Stoß an den Ast
Die ganze Last einer
Glitzernden Wolke frei.
Kommt alle herbei,
Es ist Weihnachtszeit.

In den kurzen Schatten
Unter dem senkrechten Mond
Entsteht, kaum erkennbar für mich,
Ein hageres, dunkles Gesicht.
Heute Morgen hielt ich
Aus ärmstem Land
Einen Bettelbrief in der Hand.
Sag mir, Gesicht,
Was fange ich
Mit der Bittschrift an,
Es ist doch Weihnachtszeit.

Weihnacht

Durch die Straßenleere
Schleicht der Dämon der Vergangenheit,
Der Jesus weher Schuld.
In der Krone

Statt der Dornen
Die Gesichter all der Fernen
Und Verkauften.
Doch die Fährte dünnen Blutes
Von der Stirn perlt in Sühne
Auf die Gegenwart.
Wie leicht wird da das Singen
Hinterm Zucken sanfter Lichter
In den Fenstern.
Nur ein wenig der Erinnerung
Ist mildes Löschen, furchtsam Hüten
Einer hellen Flamme.

Gebet

Seltsam schaumig Tropfen
Auf dem Wasserblech.
Ein stockig Zeiger ohne Zahl
Ragt aus dem Ufersand in die Höh.
Auch läuft der Weg nicht rund,
Nein, steil bergauf.

Schnaufend fällt der abgestoßne Stein
Der Magerkeit ins Tal
Und schlägt dem Blech
Die Risse kreuz und quer
Durch Mark und Bein.
Nur dumpf und sacht
Erzittert rundherum das Moor.
So sanft erbebte einst
Der Sinn, als ihn
Erkenntnis traf.

Verschon, oh Herr, dies Kind,
Es hütet sanfter Schlaf.
Um seinetwillen
Lern ich beten.

Hoffnung

Jesus am Kreuz,
Und darunter,
In Synkopen,
Die Schachtel mit den grünen Schleifen.
Ich darf doch nicht weinend dahinsterben!

Besitz

Nichts scheint so schwarz
Wie selbst ein Loch,
Das wohl in einem schwarzen Loch
Noch schwärzer wird,
Und nichts so grau wie eine Felswand,
Die sich weiter hinter eine andre schiebt.
Nie scheint der Jugend
Eine dürre Zeit, die neu ist,
Mehr voll Kraft zu sein
Und nie dem Alter eine satte Zeit als Inbegriff
Für alles was befreit.

Nie scheint die Liebe
Flüchtiger zu sein,
Als wenn man liebt,
Und nie ist mehr Bestand gegeben,
Wenn in Sorge lebt das Herz
Um neues Leben.

Der Regenbogen

Der Regenbogen
Hat mich betrogen.
Als sichtbares Zeichen
Zwischen Ihm und meinesgleichen
Wird er gespannt.
So steht es zu lesen.

Doch als ich an seinem Rand gewesen,
Um mich auf seine Brücke zu wagen,
Meine Last hinüber zu tragen,
Sie drüben abzuladen,
Nahm mein Näherkommen hinweg
Den Weg.

Ertrage dich

Mein Herz, du liebes Kind meiner Seele,
Bleibe ruhig.
Vergiss die unheilvollen Pläne,
Lass Gewesenes vergangen sein.
Sei nicht der Würger
In dem hohen Turm der Eitelkeit.
Sei auch die Taube nicht
Im Drahtverhau,
Ein niedlich nickend Ding,
Das tanzt im weißen Federkleid.
Ertrage dich
Und auch das kleine Stückchen
Deiner Unschuld,
Das dir blieb.

Singsang

Zu unbedeutend ist der
Singsang hoher Priesterschaft
Und seiner Wiederholung
Durch gekniete Münder.

Reste faulen Ungehorsams
Gären in den Liebgewordnen,
Auserwählten und Verdammten
Immer wieder auf
Zu Blüten toller Freiheit.

Nichts kann Nachtzugfenster
Schneller Züge
In das Flutlicht
Menschenvoller Hallen zwingen,
Nichts die gute Einsicht
Zum Bekenntnis bringen.

Raum-, Zeitgedicht Nr. ....

Raum-, Zeitgedicht Nr. 1: Es ist eine Zeit

Es ist eine Zeit,
Die ist schon vorbei
Und wird doch erst kommen.
Es ist ein Wort,
Das ist schon gesprochen
Und wird doch erst vernommen.
Es ist ein Ziel,
Das ist schon vorbei
Und wird doch erst erreicht.

Es wird die Zeit kommen,
Die ich heute erlebte.
Es wird das Wort vernommen werden,
Das ich heute hörte.
Es wird das Ziel erreicht werden,
Das ich heute verfehlte.

Raum-, Zeitgedicht Nr. 2: Zeitreisende

Die super schnell bewegten Räume
Sind nicht mehr sichtbar.
Sie sind du, und du bist sie,
Sie stehen still.

Du lebst in einer Computerzeile,
In einem Rechner.

Er ist dein Atem, lebenserhaltend.
Du weißt, du kannst
jederzeit diesen Raum und
Neuerdings auch diese Zeit verlassen
Und wechseln.
Doch wer das macht, verliert an Substanz.
Der Rechner kann dich dann
Nicht mehr fuhren,
Du gibst dich Fremden an die Hand.

Du gewinnst deine neue Zeit,
Doch die Ereignisse liegen so weit
Auseinander
Und sind keine Zuflucht mehr.
Du weiß nicht, wen du noch kanntest,
Wen du noch mit Namen nanntest,
Und manches ist sehr lange her.

Auch ist die Rückkehr schwer,
Es überholt dich der Zeitenwechsel,
Und die alten Räume
Sind noch einmal neu;
Auch nicht ohne Verlust für dich.

Unfälle soll es kaum noch geben, hört man.
Doch das hat bei dieser
Menge an Räumen und Zeiten
Nichts zu bedeuten.

Gleichzeitige Dinge,
Die sich heute ereignen,
Können der Rückkehr
Des Reisenden Zukunft
Und dem, der wechselt,
Schon lange Vergangenheit sein.

Viele klagen über die
Eintönigkeit.
Manche sprechen noch heut' von Melancholie.

Raum-, Zeitgedicht Nr. 3: Zeitenwechsel

Vor dem ersten Wechsel
In die andre Zeit
Hattest du noch Argumente.
Glaubhaft trugst du
Unsren Namen
Vor dir her.
Über deine Schulter
Sahen wir dein Werk.
Du warst wie wir.

Doch die andre Zeit
War schneller,
Maßlos war ihr Anspruch
Auf Besitz an dir.
Du verlorst dich ganz
An sie.

Du erlerntest eine Sprache,
Die war neu,
Kalt das Für und Wider,
Ohne zu verletzen.

Es trieb dich
Auch nicht heim.
Nur, wenn dein Weg
Den unseren schnitt,
Wurdest du uns greifbar.
Was wir hielten,
War ein Stück
Aus der andren Zeit,
Weit, weit von uns,
Neben oder hinter uns.

Wir warfen dir Verzweiflung
In dein Tun.
Als du,
Für dich nach kurzen Augenblicken,
Wieder zu uns kamst,

War unser Leben alt.
Doch, freundlich
Suchten wir dich einzuordnen.
Jäh wich deine Zeit uns aus.
Mit nichts warst du
Mehr einzuholen.

Nur einmal noch
Sahst du uns so
Verlassend an.

Raum-, Zeitgedicht Nr. 4: Die Zeit in einer andren Zeit

Die Zeit in einer andren Zeit
Wär absolute Einsamkeit,
Könntst du Erinnerung bewahr'n.

Schon lange Zeit, vor jener Zeit,
Treibt dich die Sorge,
Was du doch versäumst,
Zu ordnen.

Nie weiß man,
Auch nicht ungefähr,
Die Rückkehr,
Kaum das Jahr.

Den Partner mitzunehmen
Ist Gefahr,
Ihn zu verlieren.

Die andre Zeit
Verändert jeden ganz,
Und ungebunden bist du bald
Zu neuer Partnerschaft bereit,
Du denkst jetzt ja
In vierter Dimension.
Sie ist dir eigen, dein,
Ein Teil deiner Person.

Den Partner mitzunehmen
Wurd auch lange schon verboten.
Das ist einzusehen.

Die neue Partnerschaft ist
Zwar erlaubt,
Doch kann sie nur in andrer
Zeit besteh'n.
Auch neue Partner legen, so wie du,
Schon beim Verlassen
Die Erinnerung an diese Zeiten ab
Und nehmen an den Wandel.
So ist der Wechsel ganz gerecht.
Man lebt ja nur für sich,
Nicht gut, nicht schlecht,
Und die Ereignisse im Raum
Berühr'n dich kaum,
Sie treiben ohnehin ja immer
Von dir weg.

Es gibt auch Leute,
Die den langen Wechsel planen.
Ihr Abschied ist für immer.
Meist handeln sie aus einem Kummer,
Melden ganz spontan
Den Wechsel an.
Wenn's geht, entscheiden sie noch heute.
Sie kommen dann,
Wie kürzlich erst,
Nach unvorstellbar langer Reise
Auf technisch einwandfreie Weise
In unsre Zeit zurück.

Man sagt, sie wären selbst ein Stück
Vergangenheit,
Und kommen doch aus
Vorgelebter Zeit,
Aus nicht gewesenem Leben
Auf Besuch zu uns.

Sie kennen nichts mehr hier
Und sprechen auch nicht mehr wie wir,
Und lassen sich beim Amt für
Ihre Angelegenheiten
Gar nicht erst den Eintrag
Für die Rückkehr vorbereiten.

Raum-, Zeitgedicht Nr. 5: Fremde Wesen

Der Umgang mit fremden Wesen
Wurde mich nie gelehrt.
Nicht nur, dass man nicht daran dachte,
Schien er es auch nicht wert.
Die erste Begegnung würde nicht gleich die letzte sein,
Warf man ein.

Auch musste die Fremdheit im fremden Wesen
Nicht fremdartig sein,
Vielleicht nur ungewohnt.
Ich war nicht vorbereitet.

So wunderte mich
Eine Zeitlang nicht
Die Begleitung dieser Art.

Merkwürdig, ich war wie im Trunk
Und voller Begeisterung,
Als ich auf sie traf.

Die Sprache, die wir anfangs hatten,
War wie gemeinsamer Schlaf,
Traumgleichheit unser Erleben.
Doch sie kam aus einer anderen Zeit,
Das wurde ich schnell gewahr.

Sie lebte ohne Erinnerung
In den Tag.
Sie sagte oft, sie möchte

Keine erlebten Geschichten,
Die sie ohnehin
Tatsächlich mit nichts verband.

Sie konnte meine Worte in einer Sprache einrichten,
Die ich nicht verstand.
Oft schloss sie auf Dinge,
Die waren nur schön
Anzusehn,
So als bringe
Sie farbiges Speiseeis
Ohne jeden Geschmack.

Dann wieder überraschte ihr Tun:
Wie auf gläsernen Stelzen,
Hilflos, zerbrechlich und beinahe fallend,
Zerstreute sie Argwohn,
Ließ Zweifel
Mit einem Blick ihrer Augen
Zerschmelzen.

Gefährlich wurde sie erst,
Als ich sah,
Dass ihr Handeln nach einem Muster geschah,
Und sie sich auf meine Vorgaben berief.
So wie es verlief
War sie sogar im Recht.

Um sie zu schützen
Nein, um mir zu nützen,
Sie mir willig zu neigen,
Machte ich mir bald ihr Denken zu eigen.

Raum-, Zeitgedicht Nr. 6: In amtlichen Büchern

In amtlichen Büchern kann man lesen,
Wann der Start von dem und dem
In eine andre Zeit gewesen.
Aus vergangenen Tagen
Sagt man heute,
Gibt es Leute,
Die in Särgen ruhn,
In hölzernen oder auch steinernen Truhn,
In Gräbern, auf Feldern.

Das ist lange vorbei.
Zu viele leben in anderer Zeit.

Man kann heute nicht mehr fragen,
Wie in früherer Zeit
"Lebt derjenige noch"?
Was sollte man darauf sagen.
Und erst auf die Frage,
"Wie kam es, dass er starb"?

Nein, nein, zu sterben ist
So ungewiss.

Es hat doch wohl jeder zwei
Verschiedene Zeiten oder mehr.
Wie viele, ist dabei
Einerlei.
Gefragt wird nur noch in anderer Zeit-
"Von wann kommst du her"?

Raum-, Zeitgedicht Nr. 7: Zeitlose Zeit

Wer konnte früher schon erklären,
Was das sei, die Zeit.
Kein Mensch hatte je genau vernommen,
War es Anfang, die Zukunft, Vergangenheit,
Einfach aufgereiht.
War, was sie am Sternenhimmel sahn
Die Gegenwart, doch vergangene Sonnen?
Was wär, wenn sie still stand, die Zeit,
Wenn nichts sich täte im Kern.
Das wär eine Antwort gewesen,
Jede Reise zum entferntesten Stern.
Keine Zeit könnt vergeh'n,
Woanders dagegen schon Zukunft sein
Vergangenheit dort, wo du warst.
Du könntest verschiedene Zeiten bewahr'n
Und endlich eine zeitlose Zeit erfahr'n.

Raum-, Zeitgedicht Nr. 8: Gleichzeitige Zeiten

Befindet man sich auf Reisen
In anderer Zeit,
Ist niemand zu erreichen,
Außer in eigener Zeit.
Das ist allen bekannt
Und war oft der Grund,
Warum
Einer nicht den anderen fand.

Er aber hatte verzweifelt versucht,
Seine eigene Zeit
Mit anderen zu vergleichen.

Es ging dabei nicht um die Fragen,
Eine Botschaft in andere Zeiten zu tragen,
Nein, um den absoluten Zeitenvergleich,
Wer läge vorn,
Wen habe er

Durch schnelleres Leben verlor'n,
Wen könnte er überrollen,
Wer wäre gerade dabei,
Im Sprung, ihn einzuhol'n.
Langreisende stellten ihm oft und gern
Ihr Zeitprotokoll unter irgend einem Stern
Zur Verfügung.
Das nahm er als beißenden Hohn seiner Bemühung.
Das kannte er alles schon.

So musste ja irgendwann
Ihn der Beschluss ereilen,
In zwei verschiedenen Zeiten
Gleichzeitig zu verweilen.
Nach seinem Plan würd' er sich dann
In dritter Zeit erfahr'n.

Er ließ sich von Freunden alles vorbereiten
Und dachte an außergewöhnliche
Begebenheiten,
Die wollte er selbst bedenken.
So schnitt er natürlich die Frage an,
Woran
Versteh ich an mir
Nachher
Die unterschiedliche Zeitenbahn
Und ihr
Zusammentreffen.

Als er daran
Die Unmöglichkeit des Erkennens vernahm
Kam ihm spontan
Der Verdacht,
Er habe
Vielleicht grade
Den Schnittpunkt
Hinter sich gebracht
Und so das Unmögliche
Doch möglich gemacht.

Raum-, Zeitgedicht Nr. 9: Ein Zeitprotokoll

Seit alter Zeit,
Das ist übrigens etwas,
Was wohl immer bleibt,
Trägt man beim Wechsel
In eine andere Zeit,
Die räumlichen Daten
Der nächsten Planeten,
Eines Sternes oder Übermagneten
In amtliche Bücher ein.

Neuerdings legt man
Darüber hinaus
Wert darauf,
Den Zweck, den Sinn
Einer Reise zu erfahren,
Und, ganz wichtig,
Welche Zeit strebt
Der Reisende an.
Dabei erkennt allerdings jedermann,
Dass nur der Grund
Für den Wechsel
Genannt werden kann.
Alles weitere ist eine Mode.
Natürlich beginnt der Zeitenplan
In anderer Zeit.
Den vierdimensionalen
Biochemisch gesteuerten Daten
Schließen sich etwas
Unverständlichere
Nicht mehr nachvollziehbare
Übergangsregelungen an.

Diese Vereinbarung ist zu quittieren,
Welches geschieht,
Ohne dass Reisende
Davon erfahren,
Durch Ablegen der Erinnerung.
Nach dem Wechsel

Ist man dann frei.

Den persönlichen Schutz
Übernehmen, schon aus Eigennutz,
Fremde Systeme.

Die hier erreichte Perfektion
Ist auch ein Teil,
Mehr eine Ergänzung schon,
Der Übergangsregelung:
Sie programmiert eine Zeitenvorschau,
Um Katastrophen zu umgehen.

Der Aufenthalt soll nun genau,
Und hier beginnt das Protokoll,
Von denselben Systemen erfassbar sein.

Man richtet sich ein,
Fragt nach irgendwelchem Tun,
Beschafft Informationen,
Die sich im allgemeinen kaum lohnen,
Und tritt alsbald die Reise zurück
Wieder an.

Das gleiche Programm.
Das Protokoll bleibt
In der neuen Zeit.
Dieser Ausflug, ohne
Besondere Vorkommnisse
An vergleichbaren
Kaum vierzehn Tagen,
Beschert dem Mann, der Frau
Einen Zeitensprung von
Zehn bis zwanzig Jahren,
Nach vorne oder zurück.

Ein Stillstand
Bringt nach allgemeinem Wissensstand
Wirklich nichts.

Raum-, Zeitgedicht Nr. 10: Das Kleinste im Kleinen

Neuerdings kann man,
Bei einer Reise in die Zeit,
Auch den Mikrokosmos wählen.
Als aufgeladenes Ion,
Auch als Lichtquant gesandt,
Das Kleinste im Kleinen erleben.

Dorthin, wo im Leinen
Die dickeren Fäden
Sich zu Mustern weben,
Wurd seine Welle ausgesandt.

Sein Denken hatte ein Speicher in der Hand.

Seine Landung auf dem ersten Kern
War zu vergleichen mit der
Auf einem Stern.

In absoluter Bewegungslosigkeit
Und mehr als unendlich weit
Entfernt, waren auch hier die Gestirne.

Die Geräusche und Laute in optischer Gestalt
Kamen von seinem Aufenthalt.
Er konnte natürlich nicht hoffen,
Auf wellengleiche Quanten zu stoßen,
Doch konnten sein Erscheinen,
Die ihm bekannten Systeme,
Auch nicht verneinen.

Berechnungen hatten gezeigt,
Dass benachbarte Sternensysteme
In jeder Gewebezelle zum Kern ebenso entfernt sind
Wie die Erde zu einem uns messbaren Stern.

Er hatte beim Eintritt darauf bestanden,
Gezielt zu werden auf Reflektoren,
So waren ihm durch seine Abenteuer

Nur knapp zehn Jahre verloren,
Bevor er zurück in den Speicher fand.
Die irdische Zeit hatte kaum
Eine Nanosekunde gebrannt.
Unverständlicherweise
Hatt er nach dieser unbedeutenden Reise
Seine Familie nicht wieder erkannt.
Er verzog in ein völlig anderes Land.
Auch seine Sprache war kaum zu versteh'n.
Fachleute kannten dieses Problem.

Raum-, Zeitgedicht Nr. 11: Eine andere Zeit

Im Zentrum der Reflexion
War sie schon gewesen
Und hatte nachgefragt.
Dort hatte man ihr schlicht gesagt,
Dass keine Nachricht vorläge.
Sie sei in Wahrheit nicht
In anderer Zeit
Und würde auch ganz gewiss
Woanders nicht vermisst.

Ihr waren aber,
Was selten genug vorkam,
Für Viele war es einfach Wahn,
Erinnerungsfetzen deutlich geworden.

Man bot ihr an, auf verschiedenen Reisen
Die Zeiten zu durchstreifen.

Unsicher trug sie die einzelnen Bilder
Zusammen.
Nach ihrem Schluss
Musste sie aus der Zukunft sein
Und nahm das so programmierte
Angebot an.

Als sie nach dem Wechsel

In die andere Zeit
Sich in anderer Zeit wiederfand,
War der Beginn ihrer
Langen Erinnerung
Tatsächlich Gegenwart.

Nur konnte sie das nicht erfahren,
Weil Reisende, bei ihrem Wechsel in andere Zeit,
Keine Erinnrung bewahren.
Das trug der erstaunten Frau
Ein ganz gewöhnlicher Rechner an.

Raum-, Zeitgedicht Nr. 12: Die einzige Gelegenheit

Er sah im Wechsel in eine andere Zeit
Die einzige Gelegenheit
Sein Leben, über sein Leben hinaus,
Zu retten.
Seit langem rechnete er sich aus,
Dass ein Zeitensprung
Von zwanzig Jahren
Enorme Vorteile habe.
Jedenfalls würden ihm
Zwanzig Jahre Vorsprung
Gewiss nicht fehlen.
Auch nahm er das Risiko in Kauf,
Normaler Reiseverlauf
Vorausgesetzt,
Dass er in anderer Zeit verbliebe.
Doch ließ er den Rechner
Vorsichtigerweise auch
Die Rückkehr seiner Reise
Vorprogrammieren.

Von amtlicher Seite
War das alles erlaubt.

Nachdem er noch einmal den Abschied
Bedacht,

Hat der törichte Mensch
Jenen Ausflug gemacht.

In der neuen Zeit
Gab es kaum eine Angelegenheit
Von Bedeutung.
Jedes Ereignis wurde durch
Zeitenvorschau abgeleitet.
So kam er ohne Schaden
In unserer Zeit zurück,
Mit seinem Zeitgewinn
Von gut zwanzig Jahren
Und einer Reisezeit,
In seiner Zeit,
Von wenigen Tagen.

Nur eines hatte er dabei nicht erkannt,
Dass von den irdischen zwanzig Jahren
Für ihn nicht eine Stunde
Und keine Sekunde geschehen waren.

Raum-, Zeitgedicht Nr. 13: Die Rückkehr

Vielen andren war es so wie ihm ergangen.
Als Kind aus schwacher Obhut
Und in Abenteuerlust befangen,
Floh er heimlich diese Zeit.
Die Häscher anderen Ortes
Salbten seinen Mut
Und nahmen ihm den Code
Zur Rückkehr.

Nach knapp zwei Jahren
Dieser Fremdheit
Kam jedoch die automatisch
Abgefragte Rückholforderung
Auch so an ihn.
Er kehrte heim.

Aus längst vergilbten
Büchern musste er erfahren,
Dass über siebzig Jahre
Unsrer Erdentage
Hier verstrichen waren.

Natürlich konnte er die
Sprache nicht verstehen.
Die Eltern waren tot,
Und ob
Geschwister je gewesen,
War nicht mehr nachzulesen.

Man zeigte ihm die Gegend,
Wo das Grundstück
Seiner Eltern einst gelegen.
Überall warn Unterholz, Wildwuchs,
Zügellose Unzugänglichkeit
Und tierische Gefahr erwachsen.
Zum Neubeginn
Ward ihm daher
Ein mittelmäßig
Menschenweib mit wenig
Kenntnis, doch mit
Urverstand und Sinn
Fürs Überleben
An die Hand gegeben.

Die hielt ein Plan
Als Übergang
Für diese Zeit
Ganz allgemein bereit.

Raum-, Zeitgedicht Nr. 14: Unerreichbar

"Erhebe deinen Aufenthalt
In andrer Zeit
Nicht zum Gebet".

Nur dieser Kinderreim
Fiel ihm in seiner Zeit,
In andrer Zeit,
Bei jedem abverlangten
Protokoll
Als Eintrag ein.

Die chronologischen Daten
Führten ohnehin die Automaten.
Entscheidungen, Prozesse
Gab es nicht.
Die Zeitenreise geschah
Im überdimensionalen Raum
Ohne jede Steuerung.

So flossen seine Gedanken immer neu
Wieder ein in
Den Kinderreim und
Malten die Worte zum
Bild.
Seine ungenutzten Gedanken
Begannen das Bild zu umranken.
Wilde Spekulationen
Zu fremden Zeitenstationen
Nahmen bald überhand,
Und wie der Fluch
Einem Spruch anhängt
So konnte ihn dieser Vers
Nur wenig vor den Gefahren
Bewahren.

Die Automaten erfassten seinen
Zeitendrang
Und brachten ihn,

An der Peripherie
Seiner Reise angelangt,
Unkontrolliert in
Den nächsten Zeitenrand.

Dort musste er verweilen,
Als Flüchtling unter vielen
Ein gleiches Schicksal teilen.

Sie hofften auf dieser Zeitenbahn
Doch irgendwann
Der allgemeinen Kontrolle
Zu unterliegen.
Eine groß angelegte Amnestie
Kam ohne jeden Vorteil für sie.
In ihren unbekannten Zeiten
Waren sie nicht zu erreichen.

Raum-, Zeitgedicht Nr. 15: Kein Eintrag

Bei seinem Eintrag
In das Protokoll,
Das Reisende
In anderer Zeit
Begleiten soll,
Hinterließ er für das
Zentrum der Reflexion
In verlassener Zeit:
Er könne nicht mehr
Verantwortung tragen
Für die Antwortgeber,
Für seine Automaten,
Die auf sämtliche jemals
Gedachten und noch zu
Denkenden Fragen
Bereits eine Antwort haben.

Alles hätten die Kristalle
Bedacht und jede nur mögliche

Frage möglich gemacht,
Doch ginge ihm beim Wechsel
In diese Zeit und durch
Den langen Aufenthalt
Der Grund und der Sachverhalt
Für die Reise verloren.
Auch die Automaten
Könnten ihm nicht das Ziel
Verraten
Und würden diesen Eintrag
Nicht gestatten.

Raum-, Zeitgedicht Nr. 16: Von Zeit zu Zeit

Von Zeit zu Zeit
Kamst du in unsre Zeit,
Wenn Hunger dich auf Suche
Nach der Nahrung überkam.

Gierig nahmst du jeden Bissen,
Selbst die Reste noch,
Vom Tellerrand.
In schlimmen Zeiten
Schämtest du dich nicht,
Sogar uns aus der Hand
Zu fressen.

Unterdessen kämpftest du
Oft gegen Übelkeiten an.
Du sahst die Hände,
Die wir hatten,
Schmutzig, ungewaschen.
Wenn endlich Sattheit kam,
Und war dein Durst gestillt,
Dann sprachst du mit uns überlegen
Und gönnerhaft
Das Gestern an.

Einst hattest du wohl vor,

Von uns nur einem
Zu gewähren
Deine Zeit in andrer Zeit.
Doch warntest du uns gleich,
Wir hätten zwei dann zu
Ernähren.
Du zweifeltest,
Ob unsre Nahrung noch
Für beide reicht.

Raum-, Zeitgedicht Nr. 17: Reservoir

In diesem Land,
Woanders mocht' es
Anders sein,
War es schwer,
Zu überleben
Im gewohnten Leben.

Die unwirtliche Gegend
Gab den Leuten
Kaum dazu Gelegenheit
Und machte Männer,
Frau und Kind wortlos,
Voller Argwohn,
Doch mit hellem Sinn,
Den Ihren
Jede Hilfe zu gewähren.

Zeitenlos
War auch die neue Zeit
Der Zeiten
Auf sie zu und
Dann vorbei geeilt
Und keine Reflexionsstation
Verblieben.
Ein Rechner hatte
Diese Leute
Und die Landschaft schon

Vor manchem Jahr
Zum Schutzgebiet
Erklärt und konsequent
Von jedem Einfluss
Abgeschirmt.

Man nannte diese Gegend
Einfach "Reservoir".

Für Reisende aus anderer Zeit,
Die nach sehr langem
Aufenthalt
Zurück zur Erde kamen,
Brauchte man zum
Schutz und auch zum neuen
Eingewöhnen Menschen
Mit trainiertem Sinn
Fürs Überleben.
Die erfragte dann der Rechner
Aus dem Reservoir.

Um insgeheim
Sich neue Inseln anzulegen,
Sandten die
Die Besten aus
Aus ihrem Land.

Dem Rechner war dies gut bekannt,
So dass er nur
Durch Speis und Trank
Noch sorgte,
Dass im fremden Land
Vermehrung dieser
Menschen nicht einträte
Und so den
Absoluten Schutz gewährte.

Raum-, Zeitgedicht Nr. 18: Selbst ein Sonnenstrahl

In seiner Zeit
Hat selbst ein Sonnenstrahl
Viele Zeiten.
Absorptionen, Re-Emissionen
Seiner kurzwelligen Tage,
In unserer Zeit sind es
Mehr als hundert
Millionen Jahre,
Vergehen von seinem Lebensanfang
Bis zum Sonnenrand.

Von dort, als Lichtstrahl
Ausgesandt, ist es für ihn,
In seiner Zeit, das endgültige
Abschied nehmen.
Ein Nichts, schon vorbei, ist
Sein Weg ins All und zur Erde.
Wir jedoch
Begrüßen ihn noch
In unserer Zeit.
Begeisterung und Ausgelassenheit
Bringen wir ihm als Fanfaren
Entgegen.
Ja, wir staunen über die Kraft,
Die er hat,
Und jeder frohlockt
In seinem Geleit.

Im letzten Verglühn
Zündet er an unser Bemüh'n,
In seinem Lichte
Zu leben.

Raum-, Zeitgedicht Nr. 19: Die Zeit der Zeit

Als neu die Zeit der Zeit
Begann,
Nahm mancher an,
In andrer Zeit
Verginge keine Zeit.
Ein trügerischer Wahn,
Der nur den Unverstand
Entdeckte.

Die neue Zeit der Zeit
Hieß nur zu wählen,
Welche Zeit begann.
Ließ man es sein
Und wählte keine Zeit,
Den Stillstand gar,
Um zeitenlos zu sein,
Dann fror das Leben ein.

Viele kamen so ganz aus Versehen
Um ihre Zeit zu leben, ohne tot zu sein.
Das war das Ungeheure daran.

Natürlich gab es Spielereien.
Wie Schnecken wollten Viele sein,
Die Gräser wachsen sehen,
Wie die Fliegen, zehnmal schneller
Als bisher Bewegtes miterleben.

Es krankte diese Zeit daran,
Dass das Programm die Zeit für
Alle Zeiten wählte.

Erst später, als in neu gewählter
Zeit, weit außerhalb,
Auch hier ganz neu die
Zeit der Zeit begann,
Verstand man den
Zusammenhang und

Führte automatisch
Abgerufene Rückholforderungen
Ein.

Man schloss nun endlich
Nicht mehr aus,
Dass alle irgendwie
Aus andren Zeiten
Stammen könnten.

Raum-, Zeitgedicht Nr. 20: Dir und dir

Selbst den Automaten war es neu,
Und auch die Rechner hatten
Nichts davon verstanden, als
Du sprachst von konservierter Zeit.

Ganz verschiedenen Kommissionen
Blieb das Unbehagen.
Doch behauptetest du,
Zeit aus andrer Zeit
In dir zu tragen.

Das Fehlen dieser Zeit woanders
Könnte leicht dem
Zeitenreisenden zur Falle
Werden,
Also musstet du, und auch
Um dich nicht zu zerstören,
Doppelt Leben führen.
Das erkannten Rechner, die dein
Leben hier und kontrolliert in
Jener Zeit bewachten,
Dir und dir von
Deinem und von deinem Leben regelmäßig
Nachricht brachten.

**Auf deiner Reise zum Rande im Rande des Randes
der Sonne**

Das Licht im Licht des Lichts
Verließ das Haus im Haus des Hauses nicht,
Und Sturm kam auf.

Das Meer im Meer des Meeres
Suchte im Gebäude des Gebäudes
Im Gebäude freien Lauf.
Tief im Schacht des Schachtes in dem Schacht
Verliefen später sich die Wasser.

Andernorts besuchten
Ortsunkundig Menschen in den
Menschen vieler Menschen mit
Dem Talglicht in der Hand im Dunklen
Höhlen in den Höhlen großer Höhlen.

Die Verbindung zwischen
Licht im Licht des Lichtes,
Haus im Haus des Hauses,
Sturm im Sturm des Sturmes,
Meer im Meer des Meeres,
Dem Gebäude im Gebäude des Gebäudes,
In dem Schacht im Schacht des Schachts
Der Tiefe in der Tiefe jener Tiefe,
Und den Menschen in den Menschen
Vieler Menschen in den Höhlen
Großer Höhlen in den Höhlen,
Brachte keine Wachheit
Einer Nacht in Nacht der Nacht.

Weitere Veröffentlichungen von Harald Birgfeld im Verlag:
Books on Demand GmbH, 22848 Norderstedt

Lyrik:
..and I said to myself, what a wonderful world,
   36 Gedichte mit fantastischen Inhalten, 44 S.
Für dich..., *43 Liebesgedichte und 15 Augen-Blicke, 32 S.*
Gedichte, veröffentlicht in ausgewählten Anthologien, und
   Namenlos von meiner Insel, 42 Briefe, *Lyrik, 112 Seiten,*
Honigweißer Duft, *14 fantastische Gedichte,*
   32 S. dabei 14 farbige Seiten.
Mund aus Glas am Rand aus Fleisch, *114 Gedichte,*
   Schwarze Liebeslyrik, 120 S.
Sofortige Lähmung, *112 Gedichte aus dem Innersten, 72 S.*
Unter einem Mikroskop, *36 Gedichte für eine parallele Welt, 28 S.*
Von Haut zu Haut, *132 Gedichte: Was macht meine Liebe an dir und*
   an mir mit mir und mit dir? Liebeslyrik. 48 S.
Wo die schwarzen Blätter wachsen, *129 erotische Gedichte? 76 S.*
Feuer, das zur Speise wird, *114 Gedichte aus meiner digitalen Welt, 68 S.*

Prosa:
Die Tätowierungen der jungen Tanja W. : *„Die Tätowierungen der jungen Tanja W." handelt von der Selbstsuche und Selbstfindung einer jungen Frau, 132 S. Format A5*
Fünf Veröffentlichungen/Five Publications (deutsch/englisch),
   32 S. Format A5 (1 Band)
   Theorie und Utopie der eigenen Zeit,
   Theorie und Utopie der anderen Zeit.
   Die Zeit der Gleichungen ist vorbei
   Societ lyrics, was ist das?
   Folienbilder-Entstehung
Kleine Fibel Arbeitsschutz *(für die praktische Arbeit) an:*
   „Hochschulen", „Kindergärten", „Schulen" (3 Bände)